지금부터
준비하는
부모
교과서

지금부터 준비하는 부모 교과서

발행일   2023년 4월 27일

지은이	공태훈		
펴낸이	손형국		
펴낸곳	(주)북랩		
편집인	선일영	**편집**	정두철, 배진용, 윤용민, 김부경, 김다빈
디자인	이현수, 김민하, 김영주, 안유경	**제작**	박기성, 황동현, 구성우, 배상진
마케팅	김회란, 박진관		

출판등록   2004. 12. 1(제2012-000051호)

주소   서울특별시 금천구 가산디지털 1로 168, 우림라이온스밸리 B동 B113~114호., C동 B101호

홈페이지   www.book.co.kr

전화번호   (02)2026-5777   **팩스**   (02)3159-9637

ISBN   979-11-6836-864-4 03370 (종이책)   979-11-6836-865-1 05370 (전자책)

자녀를 자기주도적인 아이로 키우는 학습지도법

지금부터 준비하는 부모 교과서

세상을 탐색하기 시작하는
우리 아이를 위해
유아·아동기 부모가
반드시 알아야 할
자기주도 학습법

공태훈 지음

북랩

처음이란 단어는 설렘과 동시에 두려움이 섞인다. 아이가 태어나며 부모로서 그 처음이라는 경험은 늘 아이와 함께 겪기 마련이다. 첫 밥을 먹이고, 첫걸음을 걷고, 처음으로 말을 하며, 처음으로 학교를 간다. 부모도 처음, 아이도 처음이다.

저자는 교육 회사에서 입증된 이론을 연구하고 그것을 바탕으로 실제에 적용하는 일을 하였다. 또한 내 아이가 생기고 나서부터는 이론을 바탕으로 적용하는 방법이 실제로 아이에게 저렇게 나타나는구나~를 직접 경험하며 그 신비로움과 감동을 느꼈다.

아이가 생긴 이후 비 오는 날 아이가 알려준다는 투레질을 보고 스스로 너무 신기해했던 기억이 난다. 정말 비가 오는 날 아이가 푸- 푸- 입으로 침을 터는 것이다. 투레질은 아이의 폐 기능이 완전하지 않은 상태에서 비가 올 때 기압이 낮아지며, 부족한 산소 때문에 하는 것이라는 속설이 있지만, 아직 정확히 검증된 것은 아니다. 다만 옹알이 단계의 전조 현상이며, 아이는 재미있어하며 욕구를 해소하는 행위이기도 하다.

아이의 행동, 표정, 몸짓 하나에 의미가 없는 것은 없다. 또한 아이가 첫 경험들을 하며 세상을 탐색해 나갈 때 부모 역시 아이와 함께하는 첫 기억들이 쌓이며 함께 살아가게 된다.

이렇듯 아이가 처음 태어났을 때부터 초등학교 입학하여 학생으로 발돋움하기 전까지, 즉 유아 및 아동기 부모로서 필수적으로 알면 좋을 배경과 이론, 적용법에 대하여 정리하고자 한다.

차례 |

1장
영유아 발달의 핵심 요소

2장
모든 해답! 독서

3장
영재가 되는 유일한 지름길! 자기주도학습

4장
아이 인생의 나침반,
인성!

5장
경험으로 완성!
체험학습

톡톡 팁 하나 더!
누리과정과 교육과정

영유아 발달의 핵심 요소

흔히 아이가 태어났을 때 하얀 도화지라는 비유를 자주 한다. 그렇다면 어떤 색의 그림을 칠하게 도와줘야 할까? 그림의 색뿐만 아니라 어디를 칠하게 도와줘야 할까? 어느 시기까지 도와주고, 어느 시기부터는 혼자 색을 채워 나가야 할까?

영유아 발달의 필수 요소부터 확인해보자.

양육, 제대로 하려면
뇌 발달을 신경 써라!

유아기는 무한 잠재력을 가지고 있는 시기이다. 이 말은 '부모가 어떻게 반응하고 자극을 주느냐'에 따라 우리 아이의 뇌 발달이 달라진다는 것을 의미한다. 반면 어떤 이들은 뇌 발달은 유전에 의하여 결정되고 별다른 자극을 주지 않아도 상관없다고 말한다. 어찌 되었든 인간이 하는 대부분의 일에서 가장 중요한 역할을 우리의 '뇌'가 한다는 것은 부인할 수 없다. 사물을 인식하고 기억하고 사고하는 뇌에 대해서 알아둔다면 자녀 양육에 도움이 되지 않을까 싶다.

뇌에는 약 1,000억 개 이상의 신경세포(뉴런)가 존재한다. 뇌에 존재하는 신경세포를 뇌세포라고 부른다. 이 신경세포는 개별 활동으로는 큰 의미를 부여하지 못한다. 하지만 다른 뇌세포들과 연결되어 신호를 주고받을 때 비로소 진가를 발휘한다. 이러한 세포들의 연결을 담당하는 것이 '시냅스'다. 신경세포는 아이가 성장함에 따라 가지치기하는 과정을 거친다. 세포가 어떤 자극과 경험을 받냐에 따라 달라지는 과정이다.

시냅스가 중요한 이유는 기억과 저장을 담당하기 때문이다. 앞서 말했듯 시냅스는 뇌세포의 연결을 담당하는데, 처음부터 연결 상태로 유지되지 않는다. 예를 들어 아이가 처음 나비를 보게 되면 뇌에서는 어떤 반응이 일어날까? 나비를 통해 자극을 받은 신경세포가 반응을 한다. 이 반응을 통해 만들어진 활동 신호는 시냅스를 통하여 옆에 세포에 전달된다. 그리고 시간이 지나고 시냅스는 끊어진다. 그런데 이 '나비'를 아이가 자주 본다고 해보자. 계속 나비에 대한 자극으로 연결이 강화된다. 그리고 약한 자극에 의해서도 두 세포가 연결되면서 '나비'를 기억할 수 있게 된다. 마치 자주 사용하는 근육이 발달하듯 뇌 역시 마찬가지로 발생한다. 반대로 자극이 없는 부분은 가지치기가 되면서 연결이 끊어진다.

부모가 '뇌 발달'에 대해 전반적으로 알 필요가 있다. 우리 아이가 어떤 성장 과정을 겪고 있는지 시기마다 어떤 대처를 해줘야 하는지 가늠해야 하기 때문이다. 무작정 아이의 행동에 안 돼! 하지 마! 라고 억누르는 것보다 왜 그런 행동을 했는지 이해할 수 있다. 그리고 그에 맞춰 어떻게 말을 걸고 소통하고, 뇌 발달을 통해 공부 잘하는 아이로 성장시키는 것이 목적이 아니라 우리 아이를 더 잘 알아가는 데 있다.

똑똑 팁

짚고 넘어가자!

 뇌 용어 사전

• 뇌: 신경계의 모든 기능을 담당하는 중심 기관

• 신경세포(뉴런): 뇌의 구성 기본단위
  - 운동뉴런, 감각뉴런, 연합뉴런
  - 신경세포는 다른 신경세포와 연결되어 정보를 저장하
    고 전달

• 시냅스: 신경세포와 신경세포가 만나는 공간
  - 이전 신경세포에서 나오는 신경전달물질(neuro-
    transmitter)을 통해 다음 신경세포로 전달

지금부터 준비하는 부모 교과서

많이 만들고,
솎아내고, 가지치기

유아 시기는 시냅스의 발달이 폭발적인 변화를 겪기 때문에 중요하다고 말한다. 현대 과학의 많은 학자들은 인간의 뇌 발달 과정에서 어렸을 때 받은 자극과 경험이 성인이 되었을 때의 인격과 사고방식에 결정적인 영향을 미친다고 말한다.

뇌 발달의 가장 큰 특징은 일단 많이 만들고 불필요한 것을 버리는 방식이다. 즉 아이들은 태어날 때 수많은 뇌세포 덩어리를 공평하게 부여받은 채 성장하며 가지치기를 진행한다. 뉴런을 연결해주는 시냅스도 가지치기의 대상이다. 보통 한 뉴런 당 이를 연결하는 시냅스는 1,000~100,000개 정도 된다. 아이는 36개월까지 뇌에 필요한 시냅스의 150~200%까지 만든 다음 사용하지 않는 시냅스는 없애는 방식으로 신경회로를 정교화시킨다. 따라서 유아 시기 어떤 환경에 노출되었느냐, 어떤 자극을 받았냐에 따라서 평생을 살아갈 신체적, 정신적 역량이 달라진다.

아래 그림은 연령별 시냅스 밀도를 나타내고 있다.

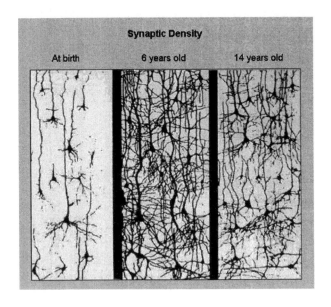

지금부터 준비하는 부모 교과서

아이는 처음 세상을 만나고 성장하면서 시냅스의 수가 늘어난다. 그러다 점차 자주 자극이 되거나, 사용하는 신경세포, 시냅스만 남고 전차 가지치기를 하는 것을 알 수 있다.

놀이로 배우자!

  똑똑한 아이를 키우기 위해 어떻게 할까? 대부분 부모들은 학습적인 요소를 생각한다. 셈을 빠르게, 책을 잘 읽히고 공부방, 학원을 생각한다. 이성적으로 사고하고 인지하는 데 집중한다. 하지만 감정과 정서를 담당하는 변연계가 안정되어 있지 않으면 이성을 관장하는 대뇌피질도 원활하게 활동하지 못한다. 즉 감정과 정서가 안정되어 있지 않은 상태로 학습을 하는 것은 효과적이지 않다. 얼마나 감정을 제어할 수 있고, 정서적으로 안정되어 있는지에 따라 학습 효과성이 달라진다.

아이들에게 있어 감정의 뇌와 이성의 뇌를 가장 잘 발달시켜 주는 것은 무엇일까? 바로 놀이다. 아이는 놀 때 가장 행복해한다. 놀이를 싫어하는 아이가 있을까? 아이들은 언제나(?) 지치지 않고 놀고 싶어 한다. 아이가 놀이를 할 때, 단순히 노는 데 그치지 않고 나아가 생각을 하고 문제를 해결해주는 지도가 있으면 어떨까? 노는 것은 똑같지만 느끼고 이해하는 것은 저마다 다를 것이다. 참된 부모라면 놀이가 학습이 될 수 있도록 지도해야 한다. 아이는 책상에서 배우지 않는다. 놀면서 배운다. 놀이를 통해 대상을 이해하고, 문제를 해결하고, 함께 협업하고 소통하는 법을 배운다.

짚고 넘어가자!

영유아기는 결정적 시기이며, 뇌 발달의 황금기다. 하지
만 이것이 사교육을 확장시키는 근거로 이용되면 안 된
다. 우리나라 사교육 시장은 21조다. 아이에게 시기에 맞
는 많은 자극을 주는 것은 중요하다. 하지만 언제나 과잉
이 되면 안 된다. 과유불급이란 말이 영유아를 양육시키
는 부모가 꼭 명심해야 하는 말이다.

아동기에 많은 문제가 발생의 원인은 발달 단계를 신경
쓰지 않은 채 이루어진 과도한 자극이 문제라 말한다. 전
문가들은 과잉 조기 교육으로 인해 언어 발달, 정서 발달,
자폐 성향 등으로 이어질 수 있다고 밝힌다. 따라서 아이
의 발달 단계에 맞춰 균형 잡힌 성장을 이루도록 지도해
야 한다.

부모의 양육이
아이의 뇌를 바꾼다

아이는 부모의 뒷모습을 보고 자란다. 부모가 보는 곳을 자연스레 바라본다. 결국 부모가 세상을 어떻게 보느냐가 아이의 시야를 다르게 바꾼다. 뇌 발달의 관점에서 생각하면, 뉴런의 숫자나 뉴런을 연결해주는 시냅스라는 망은 부모의 양육 방법에 따라 달라진다. 어떤 식으로 양육하느냐에 따라서 달라진다는 것이다. 영유아 시기는 앞으로 나아가기 위한 힘을 기르는 시기다. 기초 체력이 탄탄한 사람이 운동을 잘하고, 근육량이 많은 사람이 더 쉽게 운동을 하는 것처럼 말이다.

대부분 3~5세 아이를 둔 부모는 아이의 행동을 보면서 "혹시 우리 아이가 영재는 아닐까?" 생각한다. 3~5세 아이를 보면 스펀지가 물을 흡수하듯이 가르쳐 주는 족족 습득하기 때문이다. 실제로 아이들은 이 시기에 신체, 정신적으로 폭발적인 성장을 한다.

아이의 뇌 발달은 태어나는 순간부터 진행된다. 특히 영아기는 뇌가 신경연결망을 형성하고 공고화하기 위해 여러 자극에 반응하는 매우 중요한 시기이다. 그렇기 때문에 태어났을 때 완벽한 뇌의 구조와 기능을 가졌더라도, 2살까지 시각적 자극을 받지 못하면 시각 발달이 원활히 되지 않을 수 있다. 중요한 것은 아무리 똑똑하게 태어난 아이라도 부모가 어떤 환경을 마련해 주냐에 따라서 성장할지 퇴보할지를 결정지을 수 있다. 당장 눈에 보이지는 않지만 영유아 시기의 아주 미세한 차이가 청소년, 성인이 되었을 때의 괄목할만한 차이를 만들어 낸다. 따라서 부모가 뇌 발달에 대한 어느 정도 이해가 있고, 때에 맞는 환경과 자극을 주어야 한다.

톡톡 팁

우리 아이의 시냅스는
어떤 상황일까?

영아의 신경계는 뉴런이라는 구조적 기본 단위와 시냅스
라는 기능적 단위로 구성되는데 영아의 뉴런과 시냅스들
은 성인보다 더 많고 촘촘한 연결고리를 만들고 있다.

3층의 뇌를 이해하라!

1967년 미국 폴 매클린(Paul Mac
-Lean) 박사는 인간의 뇌를 3층으로 나눈다. 가장 안
쪽은 '파충류의 뇌'다. '1층의 뇌', '생존의 뇌'라고도 말
한다. 심장박동, 호흡 조절 등 인간에게 가장 중요한
생명 활동과 관련해 중요한 역할을 이 부위가 담당한
다. 2층은 '포유류의 뇌'라고 불린다. '감정의 뇌'라고
도 불린다. 감정과 이성의 상호 작용을 담당하는 변
연계가 관장한다. 많은 반려동물들이 이성적인 판단
이 아닌 감정에 의해 행동하는 것을 보면 쉽게 이해할
수 있다. 마지막은 가장 바깥에 위치한 대뇌피질(신피
질)이다. 사람의 뇌라고도 불린다. 기획, 판단, 사고,

언어, 의식, 추론 등을 관장한다. 이러한 세 개의 층은 각자 역할을 하며 상호 작용을 한다. 대부분 대뇌피질을 발달시키려는 부모의 바람이 있지만, 3층의 뇌는 1, 2층의 뇌가 안정을 취하지 않으면 원활하게 작동하지 않는다. 밥 먹고, 잠자고 하는 생존의 욕구가 충족되지 않은 채로 고도의 사고를 하기 어렵듯 말이다.

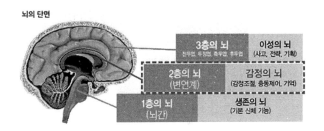

부모로서 자녀를 양육할 때 어떤 점을 신경 써야 할까? 대부분 우리 아이가 좀 더 똑똑해지길 바라는 마음으로 3층의 뇌인 이성 발달에 힘써야겠다고 생각한다. 하지만 중요한 것은 모든 층의 뇌가 상호 작용을 한다는 것이다. 감정을 담당하는 변연계(2층의 뇌)가 안정되지 않으면 아무리 좋은 학습 도구를 갖추어도 무용지물이다. 신체가 건강하지 않은 사람이 온전한 사고를 할 수 없듯 우리 아이에게 최우선은 좋은 공기, 물, 음식, 놀이 등이 선행돼야 한다.

감정이 상하면,
학습이 안 된다

놀이를 싫어하는 아이가 있을까? 아이는 자기 몸이 지쳐 쓰러질 때까지 논다. 부모가 휴식 시간을 통제하지 못해, 쉬지 않고 놀다가 탈진하는 경우를 종종 볼 수 있다. 정말 에너지가 다할 때까지 논다는 것을 보여준다. 놀고 싶어서 잠들기 싫어하다, 결국 지쳐 잠든다. 그런 아이들을 어렸을 때부터 학습적으로 끌어들이는 부모들이 있다. 하지만 놀이를 통해 아이는 학습한다.

이러한 아이들에게 학습이란 무엇일까. 책상에 앉아서 가, 나, 다를 쓰고, 영어 발음을 따라 하는 것일까? 무작정 아이에게 책을 읽히는 게 중요할까? 그렇지 않다. 아이에게 진정한 학습이란 놀이다. 놀이가 곧 학습이 되어야 한다. 모든 사람이 그렇듯 감정과 정서가 안정되어 있지 않으면 생각하고 사고하는 단계까지 넘어갈 수 없다. 아이들은 특히 이성을 담당하는 대뇌피질의 발달보다 변연계가 빠르게 성장하는 시기이다. 때문에 놀이와 학습이 분리되는 것이 아니라 하나가 되어야 한다.

한 살이라도 어릴 때 더 많이, 더 깊이 책을 읽혀야 한다고 말하는 부모들이 있을 수는 있지만, 잘 노는 것이 잘 배우는 것이다. 책은 하나의 도구이지, 목적이 되어서는 안 된다.

변연계를 이용하라

        이성과 감정(정서)는 어떤 연관성이 있을까? 우리는 합리적이고 이성적인 판단으로 세상을 살아갈까? 그렇지 않다. 이성적이고 합리적이라고 생각하는 착각에 빠졌을지는 모르나, 대부분의 선택과 판단은 '감정'이 좌지우지한다. 예를 들어 어떤 대상을 '싫다'고 느낄 때 이러저러한 이유 때문에 나는 그 '대상'이 싫은 것이야. 라고 말을 한다. 하지만 그렇지 않다. 감정과 정서적으로 그 대상이 '싫은 것'이고 그 후에야 이성적 이유를 대한다.

  생각, 선택, 판단을 할 때 우리는 어쩔 수 없이 이성과 정서의 뇌를 동시에 활용한다. 우리 몸은 그렇게 구조화되었다. 즉 정서를 담당하는 뇌의 영역은 사고, 기억 등 이성을 담당하는 영역과 밀접하게 연결되어 있다.

편도체는 두려움과 공포를 관장하고 해마는 기억을 등록하여 대뇌피질에 저장할 수 있게 돕는 역할을 한다. 이 편도체와 해마는 변연계에 위치해 있다. 뇌는 정서를 1순위로 처리한다. 따라서 어떤 감각기관을 통하여 정서적으로 불안정한 경우 뇌의 피질에 있는 피는 뇌간(1층의 뇌)으로 몰린다. 때문에 대뇌피질(3층의 뇌)이 이성적인 판단을 원활하게 하지 못한다. 따라서 정서가 어떠냐에 따라 생각과 행동에 큰 영향을 미친다.

정서를 담당하는 뇌의 영역과 이성을 담당하는 뇌의 영역을 상호 교류를 하며 활동을 한다. 그런데 정서에서 이성으로 향하는 뇌의 네트워크는 이성에서 정서로 오는 네트워크보다 훨씬 강력하다. 마치 정서에서 이성으로 가는 뇌는 8차선 도로라고 한다면, 이

성에서 정서로 가는 뇌는 1차선 도로라고 생각하면
된다.

인성과 지능을 함께 키워야 하는 것이 맞다. 정서
성은 문제해결 능력 등 이성을 담당하는 뇌와 상호 작
용한다. 부정적인 감정, 정서 상태는 이성적 판단 학
습을 하는 데 영향을 미친다.

짚고 넘어가자!

♦ 감정과 학습의 연관성

- 모든 정보는 변연계(감정/정서)를 통과하지 않고 대뇌피질(사고/이성)로 올라가지 않음
- 감정과 정서 상태에 따라 어떤 자극에 주의, 학습, 기억할지 결정됨(Kovalik, 2009)
- 부정적인 감정, 정서 상태에서는 학습으로 가는 문이 닫힘(스위치 OFF)
- 감정 상태는 이해, 기억, 학습, 의사결정, 문제해결에 결정적인 역할을 미침

- '놀이', '체험학습', '스마트 학습' 등 아이의 흥미 요소를 자극하는 교육 콘텐츠가 필요한 이유
- 학습을 놀이로써 여기고 자연스럽게 받아들이는 것이 필요
- 감정의 뇌와 이성의 뇌의 협력이 중요
- 감정에 의해 어떤 자극에 주의를 줄지, 무엇을 학습하고 기억할지 결정됨

- Kovalik, 2009; Jenden, 2008

공부 근육을 키워라

아무리 잘생기고 똑똑해도 건강을 챙기지 못하면 어떠한 활동도 할 수 없다. 근육이 없이 어떤 신체 활동도 불가하다. 마찬가지로 공부를 할 때도 필요한 근육이 있다. 공부 근육이라고도 불리는 미엘린과 시냅스이다. 시냅스는 기억과 저장을 담당한다. 시냅스의 가장 중요한 역할은 정보를 전달하는 데 있다. 이 두 가지 근육을 어떻게 시공하냐에 따라서 아이의 미래는 달라진다.

아이는 엄마의 배 속에서 태어나기까지 수많은 뇌 세포를 확장시킨다. 자극에 따라서 뇌의 세포와 세포를 연결하는 시냅스가 발달하게 된다. 중요한 것은 일정 수준에 있어 쓰지 않는 부분들은 가지치기를 시작한다는 사실이다. 우리 주변에 사람의 발길이 닿지 않은 산은 등산로가 있지 않다. 그러다 한 사람, 두 사람 지나가게 되고 길이 생겨난다. 시냅스는 그와 마찬가지로 자극, 감각 경험에 따라서 생성되고 변형된다. 산에 발길이 끊기면 길도 다시 사라지듯 시냅스 역시 자극이 없는 부분들은 사라지게 된다.

미엘린은 정보를 전달하는 데 있어 통로 역할을 한다. 통로의 가장 큰 역할은 무엇일까? 바로 정보를 정확하고 빠르게 보내는 것이다. 하지만 이 통로가 너무 비좁거나 중간중간 자재가 약해서 구멍이 뚫려있다면? 아마 정보의 누수가 발생하거나, 정보가 전달하는 속도가 늦을 것이다. 버블티를 주문했는데, 아르바이트 생이 실수로 아메리카노 빨대를 준 것이다. 아무리 노력해도 잘 빨리지 않는 그런 상황이다. 아이가 학습을 하려고 하지만 그 속도가 느리고, 정보의 누수가 발생한다. 공부 근육을 키워나가는 것은 분명

아이의 몫이다. 하지만 이것을 키워주고 이끌어주는
존재는 바로 부모라는 사실을 기억하자.

좌뇌형 아이?
우뇌형 아이?

흔히 좌뇌는 공부의 뇌, 우뇌는 예술의 뇌라고 부른다. 그럼 여기서 다른 것에 빗대어 질문을 하고 싶다. 육회비빔밥을 좋아하는가? 산채비빔밥을 좋아하는가? 사람마다 기호는 다르겠지만 전제 조건은 맛있어야 한다는 것이다.

우리 아이의 두뇌 발달도 마찬가지다. 이 좌뇌와 우뇌의 기능에 대한 우리의 인식은 1981년 노벨 의학상을 수상한 미국의 로저 스페리 박사의 역할 이론이 알려지며 자리 잡기 시작하였다. 그로 인하여 우리는 좌뇌는 논리적인 부분과 수학적인 능력을 담당하며,

우뇌는 자유분방하고 창의적인 능력을 담당한다고 믿게 되었다.

　하지만 우리는 알고 있다. 육회비빔밥이던 산채비빔밥이던 일단 맛있어야 한다는 것을. 그리고 비빔밥은 잘 어우러져야 맛있다는 것도 말이다. 그렇기 때문에 먼저 좌뇌형 아이로 키우고 싶은가, 우뇌형 아이로 키우고 싶은가에 대한 답변은 사실 정해져 있다. 양뇌형 아이요! 설사 두뇌가 정말 우리가 일고 있던 것처럼 좌뇌형, 우뇌형 분리가 되어있다 하더라도 어느 한쪽에 치우친 인재로 키우고 싶은 마음은 없지 않은가? 맛있게 버무려진 비빔밥을 우린 먹고 싶다는 것이다!

좌뇌와 우뇌,
정말 기능적 구분이 될까?

정말 좌뇌는 공부의 뇌고, 우뇌는 예술의 뇌가 맞는가를 점검해볼 필요가 있다. 우리는 기억하지 않는가? 한때는 오른손만 쓰면 좌뇌만 발달하기 때문에 왼손으로 글씨를 쓰는 연습을 했던 시절도 있었다는 것을! 지금도 인터넷에 가볍게 검색만 하여도 좌뇌형-우뇌형 테스트를 쉽사리 찾을 수 있다.

좌뇌와 우뇌의 역할 이론은 반은 맞고 반은 틀리다. 2019년 대구경북과학기술원(DGIT)의 지능형로봇 연구부 안진웅 연구팀은 좌뇌와 우뇌 역할에 대한 단서를 밝혀냈다. 연구팀은 오른손을 주로 사용하는 그룹에게 오른손과 왼손 양손을 번갈아 가며 복잡한 과제를 풀도록 하였다. 그리고 이들이 문제를 해결해나갈 때 대뇌피질의 변화를 관찰하였다. 결과는 어땠을까? 오른손으로 무엇인가 정교하게 작업할 때는 좌뇌의 대뇌피질 혈류만이 활성화되었다. 하지만 평소 잘 쓰지 않은 왼손을 사용할 때는 우뇌, 좌뇌의 대뇌피질이 함께 활성화되는 것을 확인했다. 이 연구 결과만 보면 우리가 익히 알고있던 '그래~ 우뇌 개발을 위해서는 왼손 사용을 해야겠구나!'라고 추측할 수 있다.

하지만 두뇌의 역할 이론에 반하는 다른 연구 결과들도 많다. 흔히 좌뇌형, 우뇌형으로 사람을 구분할 때, 뇌의 기능적인 부분만을 고려한다는 것이다. 사람은 개별적으로 가지고 있는 재능과 기질, 특성이 존재하는데 이러한 통합적인 이해가 함께 병행되어야 하기 때문이다.

예를 들어 언어라는 영역을 살펴보자. 말을 하며

사람을 설득할 때 논리적인 사고 체계가 중요하다. 하지만 논리적인 사고로 그칠 것이 아니라 때로는 그 사람의 마음을 헤아리고 감정적인 부분을 이야기할 때도 있다. 즉 좌뇌와 우뇌, 그리고 그 사람의 기질과 마음까지 발휘되어야 하는 부분인 것이다.

이에 브리태니커 백과사전에서는 "사람이 손과 발, 눈 등에 좌우가 나누어져 있고, 손 같은 경우 오른손잡이와 왼손잡이가 있기 때문에 뇌에도 우뇌와 좌뇌가 있다고 연상하는 것"이라고 말한다.

결국 좌뇌형, 우뇌형을 분리하는 작업은 중요하지 않다. 그보다는 좌뇌와 우뇌를 골고루 사용하는 전뇌형 아이로 이끌어주는 것이 중요하다. 뛰어난 재료와 함께 맛있게 버무려져서 흔히 사 먹을 수 있는 음식인 비빔밥이 고급 음식으로 승화할 수 있는 것처럼 말이다.

전뇌형 아이를 위한 양육 팁

우리 아이들에게 양쪽 뇌를 효과적으로 사용하게 하기 위한 부모의 TIP도 있지 않을까? 이를 위한 집에서 지금 바로 시작할 수 있는 몇 가지 방법들을 제시한다.

하나,
아이가 기준이 되어야 한다!

너무 당연한 말이지만 너무 당연하게 범하는 실수

이다. 아이 중에는 주도적인 아이의 유형도 있을 것이며, 까다로운 아이, 감성적인 아이, 이성적인 아이 등 갖고 있는 기질과 성향이 천차만별일 수도 있다. 예를 들어 아이는 감성적인데 부모가 이성적이라면 어떻게 될까? 아이는 부모에게 인정을 받고 싶어 하고 본인이 어려운 것을 부모가 들어주길 바라지만 부모는 아이가 해야 할 일에 집중을 하게 될 것이다. 부모와 아이의 보이지 않는 간격이 생기는 순간이다.

아이와 부모 간에도 궁합이 있다. 연인 사이에 궁합이 맞지 않는다면 헤어지겠지만 아이와는 헤어질 수 없지 않은가? 아이의 기질을 이해하고 그에 맞춰야 한다. 여기서 주의할 것은 맞춰준다는 것이 과잉보호를 하고, 무조건 오냐오냐하라는 것이 아니다.

비록 부모 입장에서는 당장 아이가 양치를 하지 않으면 이가 썩고 습관 형성이 어렵다고 느낄지라도 아이에게 먼저 이를 왜 닦아야 하는지를 설명해주거나, 혹은 이를 닦는 행위가 얼마나 흥미로운 일인지부터 들려줘야 하는 것이다. 다시 한번 기억하자. 아이는 당신의 소유물도, 당신의 미니 아바타도 아닌, 어엿한 한 명의 인간이며, 미숙함에서 성숙함으로 나아가기 위한 과정에 있다는 것을!

둘,
다르게 갖고 놀기

두뇌 발달의 가장 효율적인 방법이 '자극'이라는 것은 많이들 알 것이다. 자극은 결국 정보를 받아들이는 것인데, 그 정보를 받아들이는 기관을 우리는 '오감'으로 표현한다. 즉 많이 듣고, 보고, 만지고, 맛보고, 냄새를 맡아보라는 것이다. 그래서 아이가 태어나는 순간부터 초점 책을 보여주고, 모빌을 갖고 놀게 하고 있지 않은가? 마찬가지로 자극을 주기 위해서 장난감을 많이 활용한다.

여기에 한 가지 더 제안할 것은 그 장난감을 다르게 갖고 놀아 보는 것이다. 방법은 간단하다. 자동차 장난감이 있다고 생각해보자. 자동차 장난감의 본연의 목적은 바퀴를 장착한 자동차가 구르는 것이다. 하지만 이제는 다르게도 갖고 놀아 보자! 블록처럼 장난감을 쌓아 보기도 하고, 마구 어지럽혀진 장난감을 차곡차곡 정리를 해보자. 얼마나 단단한지 만져보며, 장난감끼리 부딪치며 많이 아프겠다~라는 이야기를 나눠보자.

다양한 활용법을 익히며 두뇌 자극을 시켜 줄 뿐만 아니라 마치 의인화하며 장난감들의 마음도 헤아리도록 도와주자.

셋,
만고불변의 법칙, 독서

독서는 두뇌 발달뿐만 아니라 우리 아이 교육과 육아의 최적의 방법이기도 하다. 독서에 대한 방법과 접근은 너무 다양하지만 여기에서 말할 부분은 독서 역시 마치 장난감처럼 다르게 갖고 놀아 보자는 것이다.

아이와 책을 읽을 때 꼭 한 권을 반드시 다 읽어야 할 필요는 없다. 중간 정도 읽고 나서 아이와 다음 이야기에 대하여 상상하며 이야기를 나눠보자. 신데렐라를 중간쯤 읽고 이야기를 나누는데 어떤 아이는 계모를 신고해야 한다는 아이도 있을 것이며, 어떤 아이는 신데렐라가 불쌍하다며 가여운 마음을 품기도 할 것이다. 아이가 본인의 기질을 기반으로 두뇌를 가동하고 있는 순간이다! 이때 부모가 '아~ 신데렐라를 신고해야 한다고? 그래 맞다 그런 방법도 있었구나~ 그럼 우리 서율이는 신데렐라를 바라볼 때 어떤 마음이 들었어?'라며 다른 측면을 건드려줄 수 있는 것이다.

또한 책의 이야기와 함께 그림과 색감을 짚어주는 것도 좋은 방법이 되겠다. '와~ 분홍색이 너무 이쁘다~ 우리 서율이는 어떤 색이 좋아? or 여기 해님이 웃고 있네? 그런데 그거 알아? 해는 동쪽에서 뜨고 서쪽에서 진단다.' 등의 이야기들 말이다.

책이라는 매개체를 통하여 다양한 이야기를 나누어 두뇌 자극을 시켜 줄 뿐만 아니라 부모와의 유대감 형성에도 효과적이다.

2장

모든 해답! 독서

독서가 좋다는 것은 대부분의 사람이 인정하는 만고불변의 진리와 같다. 그렇게 좋다던 책 읽기는 아이에게 혹여 짐으로 작용하진 않을까? 책을 재미있어하는 아이, 과업으로 느끼는 아이? 누가 진정한 독서를 했다고 할 수 있을까?

무조건 많이 읽으면 좋을까?

       정답부터 말하자면 그렇다. 책은 많이 읽을수록 좋다. 독서의 긍정적인 사례들은 차고 넘친다. 아마 일상생활을 하면서도 느꼈을 것이다. 확실히 풍부한 독서량을 갖고 있는 사람들은 사고의 깊이, 대화의 폭부터 다르다. 하지만 세월이 흐르고 시대가 변화하듯이 효과적인 독서 역시 그 방법은 변화한다.

  산업화 시대에는 성실하게, 열심히, 많이 목표한 바를 하는 것이 중요한 경쟁력이었다. 독서도 마찬가지다. 많은 양을 읽고, 내용을 암기하듯이 정확히 기억하고, 시간 투자를 많이 하는 것이 독서의 목표이자 기법이었다. 그런데 시대의 흐름에 맞춰 효과적인 독서의 방법이 상당히 많이 바뀌었다.

가벼운 대화를 하다가 무엇인가 궁금하면 자연스레 스마트폰으로 인터넷 검색을 하지 않는가? 그렇다. 이제 지식은 우리 머릿속에 있는 것뿐만 아니라 우리의 주머니 속에도 무궁무진한 지식이 담겨 있는 것이다. 하지만 인터넷 속 지식은 진실, 사실뿐만 아니라 거짓 정보, 추측, 의견 등도 담겨 있다. 이 정보들을 가려내고, 필요한 것을 추출하고, 목적에 맞게 활용하는 능력이 중요하다.

그렇기 때문에 효과적인 독서란 많이 읽는 것도 중요하지만, 이해력과 변별력을 키우고, 문제에 대하여 탐색하는 사고력을 키우며, 표현력을 습득하는 훈련을 하는 것이 중요하다.

지금부터 준비하는 부모 교과서

책,
어떻게 고르고 읽힐까?

효과적인 독서의 방법에 대하여 알아보자. 먼저 책의 선택이 중요하다. 앞서 효과적인 독서란 사고력을 키우는 것이라고 하였다. 사고력은 하나의 문제 현상에서 다양하게 탐색하고 여러 방법을 생각할 줄 아는 능력을 말한다. 쉽게 말해 다양하게 생각하는 힘이다. 이를 위하여 주제 중심 독서가 중요하다. 혹자는 연계 독서, 그물 독서, 통합 독서라고 부르기도 한다.

주제 중심의 독서란 하나의 주제를 갖고서 연계되는 책들을 함께 읽는 것이다. '오늘은 우리 아이와 무엇을 함께 읽을까? 장수풍뎅이 책을 읽을까?' 보다는 '오늘은 곤충에 대하여 알려줘야지. 우리 아이가 좋아하는 장수풍뎅이 책을 먼저 볼까?'라는 식으로 접근하는 것이 좋다. 그 후 장수풍뎅이의 친구 사슴벌레에 대하여 알아보고, 장수풍뎅이가 사는 숲에 대하여 알아보고, 숲뿐만 아니라 연못, 강가, 사막 등에 사는 곤충, 곤충의 먹이, 곤충을 좋아하는 동물 등 그 영역을 확장하고 연계할 수 있는 것이다.

주의할 점은 해당 연계되는 책들을 꼭 한 번에 읽으려 하지 않아도 좋다는 것이다. 한 권의 책을 읽으며 관련된 내용의 다른 책을 함께 보여줘도 좋고, 아이의 받아들이는 수준에 따라 일자별로 나누어도 좋다. 주간학습 계획표를 활용하여 누리과정 혹은 초등과정의 다음 주 주제를 파악하고 그에 해당하는 일주일간의 독서 계획표를 잡아보는 것이 아주 효과적이다.

어떤 책을 고를까?

① 큰 범주에서 책을 먼저 선택하자.

  - 작은 범주: 장수풍뎅이 책을 읽어볼까?

  - 큰 범주: 곤충에 대해 알아볼까?

② 수준에 맞춰서 읽어야 한다.

③ 주간학습 계획표의 주제에 맞추어도 좋다.

독서만큼 중요한 독후 활동

주제에 맞춰 연계되는 책을 선택하여 독서 계획을 잡았다면, 이제 독서를 통한 활용법에 대하여 살펴볼 차례다. 부모가 집에서 할 수 있는 가장 훌륭하며 간단한 독후 활동은 책을 읽은 후에 아이와 대화를 하는 것이다. 대화라는 것은 듣고, 생각하고, 표현하는 것이기 때문에 책을 읽은 후 아주 훌륭한 아웃풋 활동이 될 수 있는 것이다.

이때 몇 가지 팁을 제시한다.

대화 이렇게 해보자

① 열린 질문은 하라!

아이와 대화를 할 때 생각을 이끌어 내는 것은 쉽지가 않다. 적절한 질문을 통하여 책을 읽고 나서 느꼈던 감정과 사고를 끄집어내야 하기 때문이다. 이때 아주 기초적이지만 많이 하는 실수가 있다.

'서율아, 책 다 봤구나~ 잘했네. 재미있었어? 없었어?'

당연히 궁금할 것이다. 하지만 그렇게 묻는 순간 아이는 본인도 인식하지 못 하게 풍성한 사고를 하다가 문득 책이 재미있었는지, 없었는지를 선택하고 사고는 닫히게 된다. 닫힌 질문은 'Yes or No'를 묻기 때문에 풍성한 사고를 끄집어내기 어렵다.

그렇다면 효과적인 열린 질문은 어떻게 해야 할까? 손쉬운 방법은 아이와 책을 다시 펼치면서 대화를 해보자. 아이가 좋아하는 장면의 페이지를 놓고 이야기를 하는 것도 좋다. 느꼈던 감정에 대해서도 이야기를 나눠보며, '만약에~'라는 화법을 사용해보자. '만약에 신데렐라가 참지 않고 도움을 구했다면 어떻게 되었을까?'라고 물으며 상상도 함께 해보자.

② 스토리에 집착하지 마라!

대화의 주된 내용은 꼭 책의 이야기에 국한할 필요는 없다. 즉 아이에게 줄거리를 확인하거나, 구체적인 소재에 관해 굳이 확인할 필요는 없다. 예를 들어 신데렐라가 무슨 색 드레스를 입었는지, 몇 시에 돌아가야 하는지는 중요하지 않다. 그보다 중요한 것은 맥락을 이해하는 것이다. 아이의 생각과 느낌을 기반으로 독후 활동을 이끌어주어야 한다. 유, 아동 책의 특징인 아름다운 일러스트, 풍성한 비유법과 어휘들을 함께 짚어주는 것이 효과적이다.

③ 적정 시간은 5분~10분!

5분이라는 시간은 결코 짧은 시간이 아니다. 충분히 아이와 대화를 나눌 시간이 되기도 한다. 오히려 시간이 길어질수록 아이는 지칠 가능성이 높고, 마치 부모와의 독후 대화가 과제처럼 느껴져 버릴 수 있는 위험성이 있다. 그렇기 때문에 되도록 5분에서 10분 사이를 넘기지 않도록 하며, 일상을 이야기하듯이 책에 대한 대화를 나누는 것에 집중하는 것이 좋다.

④ 첫술에 배부르랴!

아이와 함께하는 독후 활동에 있어 가장 기억해야 할 내용이다. 처음 독후 대화를 하면 어쩌면 아이의 단답형 대답이나 특별할 것 없는 반응에 실망을 할 수도 있다. 하지만 그 누구도 처음부터 산꼭대기를 손쉽게 등반하지는 못한다. 단답형 대화도, 대답의 망설임도 자연스러운 부분이다. 아이가 대답을 망설인다면 먼저 엄마의 생각을 말하면서 '너는 어때?'라는 질문을 활용하자. 엄마의 생각을 들려주며, 그에 따른 아이의 반응을 점차 유도해보자.

⑤ 기록을 하라!

아이와의 독후 대화를 기록하여 나름의 독서 기록장을 만드는 것은 아주 효과적인 방법이다. 이때 중요한 것은 아이와의 대화, 반응을 최대한 있는 그대로 적어보자. 단, 아이가 볼 때 쓰는 것보다는 따로 기록하는 것이 좋다. 자칫 과제로 여겨질 수 있기 때문이다. 기록이 쌓이다 보면 아이의 누적 독서량, 영역별 반응이나 편독뿐만 아니라 보다 깊이 있는 탐색까지 가능하다. 또한 아이가 독후 대화에 익숙해지고 초등학교 3학년이 넘어가는 시점부터는 짧은 문장부터 시작하여 스스로 적게끔 유도해주며, 부모가 코멘트를 달아주는 것도 함께 독서 기록장을 만드는 좋은 방법이다.

성과주의 독서가 아이를 망친다

독서만큼 좋은 학습 방법이 있을
까? 우후죽순 성공사례는 부모들을 설레게 한다. 그
리고 아이에게는 또 하나의 일이 된다. 무조건적인
독서는 자칫 아이를 초독서중(Hyperlexia) 현상으로
내몰 수 있다. 의미는 전혀 모르면서 기계적으로 문
자를 암기하는 중상이다. 책이 좋다고 과하게 '독서'
에만 매몰되었을 때 발생할 수 있다. 유아 대상 필독
전집, 전집 best, 하루에 70~80권의 책을 읽는 영유아
도 있다고 한다.

이러한 양육 방식은 아이를 후천적 자폐 현상으로

만들 수 있다. 말이 늦고, 주변 사람과 사물에 무관심하고, 변화를 두려워한다. 특히 첫 사회생활이 시작되는 어린이집, 유치원에 적응을 못 한다. 독서가 안좋다는 게 아니라, 책이 목적이 되어서는 안 된다는 것이다. 책은 생각을 위한 재료임을 꼭 기억해야 한다. 특히 아이는 부모의 사랑을 먹고 자란다. 함께 책을 읽는 행위 자체가 아이에게 사랑의 전달이 될 수 있다. 책이 좋아서가 아니라 책을 통해 아이와 함께 잘 놀아준 부모의 역할이 중요하지 않았을까.

함께 책을 읽어줄 때, 중요한 것은 아이가 제대로 이해했는지가 아니다. 주인공의 이름도, 스토리의 전개도 아니다. 아이가 어떤 감정을 느꼈고, 어떤 생각을 했는지를 함께 소통하는 것이다. 독서는 퀴즈쇼도 아니고, 시험도 아니다. 아이와 함께하는 독서는 따뜻한 것, 엄마와 소통하는 것이라고 느낄 수 있어야 한다. "오늘 책 몇 권 읽었니?"보다 한 권의 책을 읽더라도 그 속의 내용을 나누고 확장해야 한다.

짚고 넘어가자!

엄정애 이화여대 유아교육과 교수는 "태어나자마자 영어니, 독서니, 교육 경쟁을 하는 나라는 한국과 일본 정도였는데 일본에서는 최근 독일 등의 자연주의식 유아교육법이 정착되어가는 추세"라며 "기본적인 인지능력도 떨어지는 아이에게 문자나 수를 주입하는 것은 정서 발달에도 안 좋고 교육 효율성도 떨어진다."고 말했다.

신의진 연세대 의대 소아정신과 교수도 "유아들에게 많은 책을 읽히는 것은 돈 들여 아이를 망치는 일"이라며 "적어도 5세까지는 책도 읽히지 말고, 문자로 가르치지 말고, 그냥 놀게 하라."고 조언했다.

만화가 만들어 낸 훑어 읽기 습관

글을 읽는 게 빠를까? 그림(만화)을 보는 게 빠를까? 당연히 그림이 우리 뇌리에 빠르게 새겨진다. 글을 읽으려면 집중이 필요하지만 만화는 집중하지 않고도 술술 스토리를 이해할 수 있다. 독서의 실적 향상보다 양적 향상을 강조하는 형태는 학습 만화로 이어진다. 학습 만화 시장은 이미 아동 도서 시장의 주류를 형성했다. 학습 만화는 아이의 이해를 쉽게 높이는 데 도움을 준다. 하지만 문제는 만화만 보게 되는 것이다. 그리고 만화를 읽다 보니 정독하는 습관이 잡히지 않는다. 쉽게 훑어 읽어도 대부분 쉽게 이해되기 때문이다. 더 큰 문제는 만

지금부터 준비하는 부모 교과서

화에 빠지는 중독성 때문이다. 만화만 보던 친구들은 다른 책을 읽기 싫어한다. 더불어 잘못된 습관이 형성될 수도 있다.

학습 만화 대부분은 쉬운 표현, 그림 때문에 '학습'에 관한 깊이를 주지 않는다. 단지 흥미만 불러일으킨다. 만화만 읽는 습관이 길러지면 정독하는 방법, 이해력, 읽은 것을 통해 생각하는 사고력을 키울 수 없다. 빠르게 순식간에 해치우려 하기 때문이다. 책을 읽으면서 얻는 유익은 비단 지식적인 측면만이 아니다. 책을 넘기면서 느끼는 것, 읽은 내용을 바탕으로 삶에 적용하는 것, 어려운 책을 이해하려 애쓰는 것 등이 있다. 대강의 줄거리만 알고 기억하기 위해서라면 학습 만화도 좋다. 하지만 연계하고 통합하고 더 나아가 사고하고 창조하려면 책 읽는 습관을 제대로 키워줘야 한다.

독서와 학교생활은
어떻게 이어질까?

초등학교 아이가 독서를 통해 가장 크게 얻을 수 있는 것은 무엇일까. 바로 배경지식과 어휘력이다. 보통 초등학교 1학년 한 학기에 아이들이 배우는 어휘의 개수가 20개라고 한다. 어떤 아이는 1~2개를 알고 오는 아이가 있는가 하면, 어떤 아이는 15개를 알고 온다. 어떤 아이가 수업에 더 집중을 할까?

공부를 잘하고 싶어도 못 하는 아이들의 대부분의 경우는 모르는 어휘가 많아서다. 수업 시간에 나온 어휘를 가지고 생각하고 상상하고 표현해야 하는데,

어휘 자체를 몰라 그것을 이해하는 데 시간을 쏟는다. 그렇다 보니 자연스레 수업은 재미없고 집중하지도 못한다. 어휘를 이해하면 수업이 재밌어진다. 어휘는 배경지식과 또 연관되기 때문에, 어휘력이 풍부할수록 배경지식을 쌓는다.

어휘력이 부족한 아이들의 가장 큰 문제는 무기력증에 빠질 수 있다는 데 있다. 모르는 어휘가 너무 많아 포화상태가 되면 수업을 포기하기에 이른다. 즉 무기력증이 발생할 수 있다. 아이가 맞는 첫 번째 실패와 좌절의 현장이다. "나는 열심히 하려고 했는데, 모르는 게 너무 많아서…."라고 말한다. 아이는 스스로 "나는 못해…."라고 말하는 무기력자가 된다. 유-초등 시절 가장 중요한 것은 학업에 흥미를 갖는 것이다. 그 시작이 어휘력에 있다.

독서로 얻는 이해력과 이해심

현직 교사들이 가장 좋아하는 아이의 유형은 어떠할까? 귀여운 아이? 의욕적인 아이? 아니다. 말귀를 잘 알아듣는 아이다. 특히 1학년 교실에서 선생님이 말한 것을 잘 이해하는 아이는 사랑받는다. 말귀란 다른 사람이 하는 말을 잘 이해하고, 공감하는 능력을 말한다.

우리 아이는 다른 사람의 말과 마음을 잘 이해할까? 이해라는 말은 어떤 말이나 상황을 잘 알아서 받아들이는 것을 말한다. 또한 다른 사람의 마음, 입장, 처지에 공감하는 능력이다. 즉 이해력과 이해심이 필요하다.

이해력이 좋은 아이의 가장 큰 특징은 수업 태도에서 나타난다. 선생님 말씀에 집중하고 자기 생각을 말할 수 있다. 하지만 수업 내용이 이해가 안 되는 순간 아이는 딴짓을 할 기회가 많아진다. 배경지식과 어휘력은 아이의 이해력을 키워간다. 특히 책을 통해 얻은 어휘와 배경지식은 장기 기억으로 기억된다.

이해심이 좋은 아이는 공감을 잘한다. 친구들과의 관계도 좋고, 선생님과 관계도 좋다. 독서를 통해 타인에 대한 이해와 공감하는 마음이 자연스레 키워졌다. 자신을 잘 이해하고 감정을 표현한다. 아이가 똑똑한 머리와 따뜻한 마음을 키워나가기 위해 중요한 것은 독서라 할 수 있다.

이해력을 통해 수업 내용뿐만 아니라 친구, 선생님의 말씀을 제대로 알아듣는다.

이해심을 통해 경청, 공감, 사랑의 마음을 키운다.

학습의 빈익빈 부익부,
매튜 효과

　　　　자본의 논리에서 빈익빈 부익부라는 말을 많이 쓰지만 아이들의 학습에서도 이 말은 통하기 마련이다. 캐나다 심리학자 키스 스타노비치(Keith Stanovich)는 이를 빌어 매튜 효과를 말한다.

　학습 능력과 어휘력의 관계를 알면 쉽게 설명이 된다. 어휘를 많이 알면 알수록 학습 능력이 더 높아지기 마련이다. 초등학교에 입학하고 한 단원에 20개의 새로운 단어와 개념을 배운다고 가정해보자. 15개의 어휘를 알고 온 아이와, 5개의 어휘만 알고 있는 아이의 학습 태도, 집중력은 차이가 클 것이다.

이러한 어휘를 잡는 시기가 있다. 즉 어휘력 폭발 시기를 놓치지 않는 것이 중요하다. 학습 능력 형성에 결정적 영향을 미치는 시기다. 초등학교 입학할 때 약 2,500~3,000개의 어휘를 안다고 한다. 그리고 초등학교 졸업할 때 10,000~15,000개를 익힌다고 한다. 그만큼 언어의 빅뱅 시기를 맞이하는 것이다.

흔히 어휘는 일상에서도 발달되잖아? 생활하면서 익히면 되지. 라는 생각을 한다. 하지만 우리가 일상에서 사용하는 어휘는 기본 어휘, 1차 어휘다. 어휘력을 발전시키려면 그것보다 더 높은 수준의 고급 어휘를 익혀야 한다. 그러기 위해서 고급 어휘 노출을 자연스레 시켜줄 필요가 있다.

매튜 효과처럼 어휘 능력은 빈익빈 부익부다. 충분한 어휘 능력이 독서 능력을 견인한다. 그리고 독서 능력이 다시 어휘력을 상승시킨다.

학업 능력 UP!
어휘력 키우기

어휘력을 키우기 위해서는 우선 머릿속 어휘망이 잘 발달해야 한다. 즉 내가 알고 있는 어휘 사전이 충분히 쌓여 있어야 한다. 어떤 말과 어떤 말의 연계, 단어와 단어의 연계, 주제에 맞는 말, 유사한 말, 반대말 등 다양한 어휘가 사전처럼 이루어져야 한다. 연결고리를 강화시켜 나가는 게 어휘력 학습의 핵심이다. 부모가 함께 어휘력을 키워줄 수 있는 방법에 관해 알아보자.

지금부터 준비하는 부모 교과서

생생한 소리로 읽어주기

아이들은 문자에 집중하는 경우가 많다. 부모들도 아이가 글을 읽을 줄 아는지 모르는지에 관심이 있다. 하지만 첫 시작부터 '문자'에만 국한되어서는 안 된다. 더 중요한 것은 바로 내용을 이해하고 생각을 하는 연습이다. 아이에게 생생한 목소리로 소리 내어 책을 읽어주자. 아이가 고학년이더라도 책을 읽어주는 순간 아이의 눈빛과 집중이 달라지는 모습을 보게 될 것이다.

실감 나게 읽어주기

아이가 읽는 책은 의성어와 의태어가 많은 것이 좋다. 언어가 발달하는 시기에 다양한 의성어, 의태어를 통해서 재미와 어휘력을 모두 키울 수 있다. 의성어와 의태어가 나올 때 특정 어휘의 억양, 감정, 악센트를 실어서 읽어주는 것이 좋다.

문맥을 이해하며 어휘를 추론해보자

어휘의 수준이 어느 정도 올라온 아이에게는 문맥을 통한 어휘의 의미를 추론하는 것이 중요하다. 스마트폰이 삶에 익숙해지면서 어느새 검색이 자연스러운 일상이 되었다. 책을 읽다가 모르는 단어나 어휘가 나왔을 때 바로 국어사전을 찾는 것은 좋지 못하다. 아이와 함께 글의 문맥을 살피고 그 뜻을 유추하는 활동이 필요하다. 그런 일련의 과정이 시간은 오래 걸려도 효과적이다.

한자어를 익히자

우리나라 대부분 어휘가 한자어에 영향을 받고 있다. 따라서 한자를 조금만 공부해 두면 어휘력을 키우는 데 도움이 된다. 한자어를 하나만 제대로 익혀두면 거기에 파생된 어휘까지 획득할 수 있기 때문이다. 예를 들어 분해의 분을 한자어 뜻을 익히면 어떨까? 바로 이어져서 생각되는 분리, 분류, 분담, 분단, 분리수거 등의 어휘를 이해하는 데 훨씬 도움이 된다.

영상과 책 읽기 습관

　　　　　　필자는 아이를 키울 때 돌이 되기
전까지는 단 한 번도 TV 만화나 스마트폰 영상을 보여
준 적이 없었다. 그만큼 경계해야 한다는 것을 누구보
다 잘 알고 있었다. 하지만 아이가 의지가 생기고 제
법 움직임이 생기면서 그 결심은 무너지기 시작했다.

　아이가 접한 영상은 대한민국 아이들 코스 그대로
'뽀로로', '코코몽', '타요', '핑크퐁' 시리즈들 순으로 거
침없이 보기 시작하였다. 사실 이 영상들이 나쁘다는
것은 아니다. 오히려 효율적인 관리만 이루어진다면
교육적인 도움도 상당하다. 또한 부모들의 육아에도

필수 요소가 되어가고 있다. 그런데 아이는 만화 영상을 접할 때면 마치 시공간이 멈춘 듯 망부석이 되었다가 강제로 영상을 종료하면 이 조그만 녀석에게 이런 면이 있었나 싶을 정도로 짜증을 부리는 모습도 쉽사리 볼 수 있었다.

다른 아이들은 어떨까? 물론 일반화하기에는 무리가 있겠으나 아이 100명에게 만화가 재미있니? 책이 재미있니? 하면 상당히 많은 아이들이 만화를 선택할 것이라는 것은 부모라면 너무 잘 알고 있을 것이다.

만화가 재미있는 이유는 무엇일까? 단순하게 말하자면 재미있다. 왜? 다양한 캐릭터, 움직임, 색감, 소리, 이야기 등이 담겨 있기 때문이다. 여기에 한 가지 이유가 더 숨겨져 있다. 만화는 편하다. 두뇌를 적극적으로 활용하는 것이 아닌 시각과 청각에 의존하여 단순하고 직관적으로 받아들일 수 있기 때문이다. 하지만 문제는 영상물이 뇌 발달에는 크게 도움이 안 될 수도 있다는 데 있다. 이 점을 잘 이해하고 아이의 울음을 쉽게 그치려 쉽게 영상을 보여주는 습관을 돌아보자.

짚고 넘어가자!

경희대병원 소아청소년과 이은혜 교수는 "대부분의 영상물이 화면과 소리가 빠르게 변하는데, 아이가 이런 자극에 익숙해지면 뇌가 고루 발달하지 않고, 현실 세계의 느리고 약한 자극에는 반응하지 않게 된다."고 말한다. 그 결과 일상생활에서 정보를 습득하고 기억하고 판단하는 게 어려워져 언어 발달이 지연될 수 있다는 이야기다.

독서도 자기주도학습 습관이다

아이 교육을 위해 큰마음 먹고 수십 권 전집을 샀다. 하지만 아이는 거들떠도 안 본다. 부모의 속은 타들어 간다. "저게 얼마짜린데." "본전도 못 찾겠다." 그래서 억지로 읽히기도 하고, 숙제를 내기도 점검을 하기도 한다. 하지만 아이 입장에서는 별안간 책이라는 숙제가 생긴 것이다. 스스로 책을 꺼내서 읽는 아이가 된다면 어떨까? 그러기 위해서는 부모가 노력해야 한다. 먼저 자녀와의 신뢰를 쌓는 것은 필수다. 결국 자기주도적으로 행동은 부모가 어떻게 양육하냐에 따라서 달라진다. "책 좀 읽어라!", "학습지 좀 해라!", "숙제 좀 해라!"는 말 안에는 아이가 책, 학습지, 숙제를 안 했을 것이라는 전제가 깔려 있다. 부모가 자신을 믿어주지 못하는 만큼 아이에게 억울한 것도 없다. 아이를 믿어주지 못하면 자기주도성도 없다.

아이의 책에도 관심을 가져라

아이가 어떤 책을 좋아하는지, 어떤 책을 어려워하는지 알아야 한다. 혹여나 수준이 너무 높은 책은 아이의 흥미를 뺏을 수 있다. 모르는 단어나 표현이 한 면당 10개 이상이라면 더 낮은 수준의 책으로 바꿔주어야 한다. 또한 아이가 읽는 책에 관심을 갖게 되면 소통하는 데 도움이 된다. 함께 책 속 스토리나 인물들에 대해 이야기하면서 아이 내면의 욕구나 문제도 알 수 있게 된다.

지금부터 준비하는 부모 교과서

책 읽을 시간을 확인하라

아이가 학원 일정으로 책 읽을 시간이 없을 수 있다. 학교 다녀와서 학원 가기까지 30분 정도면 독서 시간으로 충분하지 않나? 라고 생각한다면 큰 오산이다. 아이가 책을 고르고, 가져다가 읽고, 읽은 후 인물, 스토리에 대해 생각할 시간까지 모두 합한 시간이어야 한다. 그렇기 때문에 충분한 여유를 가지게 해야 한다. 촉박한 환경, 몇 권 읽었느냐의 압박 속에서 아이는 자기주도적 독서를 할 수 없다. 가장 중요한 것은 '일'이 아니라 '놀이', '재미' 등 자발적 동기에 의한 독서이다.

글쓰기 습관을 기르자!

교육부 '교육과정'의 핵심은 새로운 가치를 창출하는 인재 양성이다. 이를 위해 인문학적 요소, 과학기술 요소, 바른 인성을 결합한다는 것이 핵심이다. 결론은 새로운 가치 창출하는 것, 표현하는 것이다. 즉 '무엇을 알고 있는가'보다 '어떻게 표현하는가'에 방점이 찍혀있다. 인간은 태어나면서부터 자기의 감정과 생각을 표현한다. 책을 읽으면 아이가 그 내용이나 생각, 느낌을 말하려고 한다. 따라서 아이가 책을 읽은 후 자연스럽게 표현할 수 있는 기회와 장을 마련해 주어야 한다. 책을 읽었다면 간단하게 흔적을 남기도록 지도하자. 그림을 그려도 좋고, 낱말을 써도 된다. 조금 익숙해지면 문장을 쓰고 나아가 장편의 에세이를 쓰는 연습이다. 무엇보다 아이가 이것을 어려워하거나 힘든 숙제로 여겨서는 안 된다. 표현을 하라고 다그쳐서는 안 된다. 이러한 독서 습관을 만들어주면 아이는 나중에 글을 읽거나 쓰고 그것을 표현하는 데 어려움이 없을 것이다.

놀이로 시작하자

어떤 아이도 공부를 좋아하는 아이는 없을 것이다. 단지 그것이 놀이라면 또 다른 이야기다. 그것이 알고 싶어 하는 추리라면 또 다르다. 사칙연산을 해야만 하는 아이와 덧셈, 뺄셈, 나눗셈의 유래를 궁금해하는 아이는 시작점부터가 다르다. 놀이를 통해 자연스레 아이의 생각과 말을 표현해보자. 그리고 자기표현이 익숙해진다면 글로 생각을 내보내는 작업을 해보자.

독서를 통해
논리적 사고력을 키우자

　논술에서 가장 중요한 것은 글이 논리적이냐, 아니냐이다. 독서를 하다 보면 자연스레 논리적 사고를 키울 수 있다. 비판적 사고, 책을 읽고 작가의 의도를 이해하고, 어떤 글인지, 그리고 그 의견에 대한 나의 생각은 어떠한지를 알아낸다. 더불어 자기 생각의 나래를 펼칠 수 있다. 이것이 나중에 중고등학교 가서 궁극적으로 도달해야 하는 학습과 글쓰기의 목적지이다. 그 역량을 키울 수 있는 것이 바로 지금 읽는 책에서 시작된다.

책과 친해지는 4단계 방법

책과 친해지기
STEP 1 환경 조성

우리는 너무 잘 알고 있지 않은가? 아이의 미래를 좌우하는 2가지 요소는 기질과 환경이라는 것을! 그 비율에 대해서는 '5:5이다, 4:6이다' 학자들마다 의견이 분분하지만, 분명한 것은 환경 조성을 통한 경험과 자극이야말로 기질을 극복할 수 있는 혹은 기질을 살려줄 수 있는 유일한 방법이란 것이다.

아이에게 공부를 시키려면, 부모가 공부를 하라는

말이 있다. 맹모삼천지교(孟母三遷之敎)라는 고사성어
를 우리는 너무도 잘 알고 있지 않은가! 또한 요새는
거실에 TV를 없애고 마치 도서관처럼 홈 라이브러리
를 꾸며주는 가정도 어렵지 않게 찾아볼 수 있다. TV
가 우리의 생활에서 얼마만큼 커다란 요소를 차지하
는지를 가늠해볼 때 굉장한 노력이 아닐 수 없다.

환경 조성의 방법은 두 가지다. 하나는 롤모델로
서의 부모의 역할, 다른 하나는 물리적인 환경 제공
이다. 정해진 시간 아이의 책을 읽는 것도 중요하지
만 부모부터 책을 읽는 모습을 보여주자! 시간은 그
리 길지 않아도 좋다. 본인이 읽기에 정말 흥미로운
혹은 가벼운 책을 정하여 단 20분 정도만 읽는 모습
을 노출시키는 것만으로도 성공이다. 여기에 추가적
으로 작은 책장을 아이와 함께 꾸며보자. 책장을 꾸
미는 작업만으로도 아이에게는 놀이로 다가갈 수 있
으며, 책과 친숙해지는 첫 과정을 멋지게 수행할 수
있다.

책과 친해지기
STEP 2 흥미 유발

환경을 조성한 뒤 해야 할 것은 흥미 유발이다. 대다수 아이들은 책보다 만화를 더 좋아한다. 하지만 그 만화보다 더 좋아하는 것이 바로 게임이다. 그렇다면 책을 읽는 행위, 독서를 마치 게임을 하는 것처럼 만들어준다면 훨씬 흥미를 갖고 책에 접근하지 않을까? 그렇기 때문에 요새 유·아동 책들을 살펴보면 교육적 효과뿐만 아니라 흥미 유발을 위해서도 활동을 하는 부분이 포함되어 있다.

그럼 집에서 어떻게 활용하여 놀아줄 수 있을까? 다시 한번 게임을 상기해보자. 게임의 재미 요소는 다양한 시각적 효과, 흥미진진한 스토리, 스스로 활동과 그에 따른 보상 등이 따른다. 이것들이 버무려져 흥미를 자아내는 것이다. 독서도 분명 접목시킬 수 있다!

시각적 효과를 책에 접목시키는 부분은 어떤 것이

있을까? 책과 친숙해지며 흥미를 느끼는 단계에서 너무 글을 읽는 것에만 집착하지 말자. 아이들 책은 정말 예쁜 색감과 따뜻한 정서가 담긴 일러스트가 있지 않은가! 처음에는 스토리보다 그림만 짚어줘도 좋다. 색깔을 짚어주는 것도 좋은 접근 방법이다. 사람을 만남에 있어 첫인상이 중요하듯이 이렇게 책에 있는 그림을 짚어주고 흥미를 자아내는 부분이 아이에게 책과 첫인상을 좋게 심어주는 작업이라는 것을 잊지 말아야 한다.

또한 게임에서 여러 보상을 주듯이 책을 읽고, 내적, 외적 보상을 신경 써주는 것도 필요하다. 외적 보상은 깜짝 선물이 될 수 있고, 아이가 원하는 물건이 될 수도 있다. 그런데 그것보다 더 중요한 것은 내적 보상을 주어 아이 스스로 책을 읽는 동기를 일깨우는 것이 좋다.

어느 정도 책 읽기가 익숙해진다면 아이와 소통의 도구로 활용해보자. 책의 중반부까지 읽고 나서 다음 이야기를 아이와 함께 상상하며 대화를 해보자. 혹은 재미있는 단어들을 짚어보는 것도 도움이 된다.

아직 우리 아이와 그 단계까지 올라가지 못했다면 책을 갖고서 종이 인형극을 해보는 것도 좋은 접근 방법이 될 수 있다. 각 지방자치제나 교육청에서도 이런 독서 흥미법을 위하여 무료 독서 인형극 등을 열기도 한다. 아이와 함께 참여해보는 것도 바람직한 방법이다.

책과 친해지기
STEP 3 독후 활동과 독전 활동

다음은 스스로 해보는 활동과 그에 따른 보상이다. 흔히들 독후 활동으로 만들기 활동이나 포트폴리오 활동을 많이 한다. 아주 괜찮은 방법이다.

실제로 NTL(National Training Laboratory)의 학습 피라미드 연구 결과를 살펴보면 직접 체험하고, 표현하는 것이 학습 효과를 75~90%까지 상승시킨다는 것을 알 수 있다, 그만큼 직접 활동은 독서의 효과를 증대할 수 있는 효과적인 방법이다.

여기서 짚어야 할 것은 독후 활동을 꼭 독후에 할 필요는 없다는 것이다! 아주 재밌는 영화를 한 편 고를 때 예고편을 본 적이 있는가? 혹자들은 예고편이 본편보다 더 재미있다고 말하는 사람들도 있다. 그만큼 핵심만 모아서 흥미를 불러일으키기 때문이다. 독후 활동을 먼저 하여 아이들이 책에 친숙해지기 전 흥미진진한 예고편 역할을 수행할 수 있다.

먼저 아이와 함께 읽고 싶은 책을 정하자. 그 후 주제에 맞는 만들기(키트) 활동이나, 관련된 영상을 보고 나서 이야기를 나눌 수도 있다. 또한 직접적으로 연관된 체험학습을 먼저 다녀온 후 좀 더 알아볼까? 라고 유도하며 본 독서로 이어질 수도 있다. 이로써 자연스럽게 책을 읽고 아이와 대화를 나눌 거리가 많아지는 것은 자명한 이치다.

독서에는 지름길이 없지만-결국 우리가 취해야 할 최선은 정독이기에- 흥미를 불러일으키며 책과 친해지는 방법에는 다양한 방법이 존재한다는 것을 잊지 말아야 한다. 이 외에도 그림 찾아보기, 단어 찾아보기, 퀴즈, 그림 그리기 등 다양한 방법이 존재한다.

책과 친해지기
STEP 4 제대로 보상하기

그렇다면 보상은 어떻게 해야 할까?

보상은 크게 두 가지 보상이 있다. 외적 동기를 불러일으키는 보상, 그리고 내적 동기를 불러일으키는 보상.

'서율아~ 아빠랑 이거 다 읽으면, 좋아하는 과자 사 줄게!' 전형적인 외적 동기를 건드리는 보상이다. 흔히들 우리가 채찍과 당근이라고 하지 않는가? 이 외적 동기를 불러일으키는 보상은 효과가 빠르다. 하지만 효율적인가를 의심해야 한다. 면역력이 생기기 아주 쉬운 방법이기 때문이다. 갈수록 아이는 '뭐야~ 아빠가 지난번에는 피자를 사줬으면서, 이제는 고작 초콜릿 하나야? 내가 이렇게까지 해야 하나?'라고 마음먹기가 쉬워진다. 마치 약을 처음 썼을 때는 효과가 좋지만 몸에 내성이 생겨서 점차 양을 늘려야 하는 경우가 같다.

결국 중요한 것은 내적 동기를 일으키는 보상이 중요하다. 이 부분에서는 효과적인 칭찬의 기술이 필요하다. 칭찬에는 레벨이 존재한다.

'서율아~ 너 이번에 책 30권을 다 읽었지? 대단하다. 이 많은 것을 결국 다 읽었네?' 낮은 레벨의 칭찬이다. 결과만을 놓고 칭찬하기 때문이다.

'우리 서율이가 책에 흠뻑 빠져서 열심히 읽더니 이렇게 한 질에 책을 완독했구나? 배우는 것도 많고 느끼는 것도 많았을 텐데 정말 값진 시간을 보냈구나?'

상위 레벨의 칭찬이다. 과정과 노력을 칭찬하며 아이가 또 다른 책도 즐겁게 읽을 수 있도록 유도했기 때문이다.

결국 보상의 포인트 하나! '칭찬을 적절히 활용하자'이다. 물론 때로는 적절한 외적 보상도 필요하겠지만 말이다. 포인트 둘! '과정을 칭찬하자'이다. 사실 이 방법은 책과 친해지기에 앞서 우리가 아이를 육아할 때 가장 우선시되어야 하는 우리의 태도라는 것은 읽는 독자가 더 잘 알고 있으리라 생각한다. 이젠 해보자!

책이 밉게 만드는 효과적인 방법

책 읽는 것은 아이의 인생에서 가장 큰 경험이 될 수 있다. 하지만 이런 책과 멀어질 수 있는 방법이 있다. 책을 미워하게 하는 방법에 대하여 정리하겠다.

① 독서는 단지 한글을 배우는 공부라고 생각하자!

② 책을 통해 어떤 것을 배우고 느꼈는지 자주 강요하며 물어보자!

③ 독서의 주체는 바로 부모! 내가 아이의 독서의 모든 것을 리드해야 한다!

④ 필독서가 최고! 권장 도서가 핵심이다! 이것부터 읽히자!

⑤ 몇 권을 읽었는지 권수로 아이를 평가하라!

⑥ 책을 읽고 아이의 생각보단 책 내용, 줄거리를 항상 물어보자.

⑦ 부모는 책을 읽을 필요가 없다.

⑧ 학습 만화를 좋아하니 양껏 읽히자.

지금껏 책과 친해지는 방법을 이야기하고 있었다. 위에 방법들은 책을 싫어하는 이상으로 미워하게 만드는 왕도이다. 부디 실수하지 않도록 기억해 두길 바라는 마음에 언급한다.

책은 놀이다

　　　　　책을 끝까지 봐야 한다는 강박은 어디에서 시작되었을까? 왜 끝까지 봐야 하지? 표지만 보면 안 되나? ⅓ 읽다가 끝내면 어떤가? 책은 놀이다. 독서는 생각의 도구다. 끝까지 다 읽어야 하는 것은 없다. 정독이 중요하고 완독이 중요하지만, 그것이 하나의 목적지가 되어서는 안 된다. 책 읽기는 목적지가 아니다.

　가장 중요한 것은 아이의 수준에 맞는 책을 골라야 한다. 너무 쉽거나 너무 어려우면 아이는 호기심을 잃는다.

필자는 어렸을 때 가난했다. 어느 날은 엄마가 책을 주워 왔다. 위인전이었다. 겉은 낡았고, 속은 책 곰팡이 냄새가 물씬 나고 색은 노랗게 변색됐다. 책은 군데군데 한자가 뒤섞여 있는 어려운 책이었다. 그중 한 권의 책을 꺼내 읽었다. 끝까지 다 읽었을까? 아니. 그렇지 못했다. 너무 어렵기 때문이다. 조금 더 쉬웠다면?

5kg짜리 아령을 드는 사람에게 50kg 덤벨을 쥐여주면 어떨까? 쉽게 지칠 수 있고, 도전 의지가 꺾일 것이다. 책 읽기, 학습 모두 그렇다. 가장 중요한 것은 수준에 맞게 재미있게 읽을 수 있어야 한다.

아이가 책 읽기 습관을 지니고 있지 않다면, 처음엔 책을 가지고 놀아보는 것도 좋은 방법이 된다. 책으로 탑을 쌓아보기도 하고, 색깔별로 분류도 해보고, 징검다리를 만들어도 보는 것이다. 꼭 책의 내용을 파악하는 것에만 주목해서는 안 된다.

책으로 아이와 함께 놀아 보자

① 부모가 함께 읽어야 한다.

② 같은 책을 읽고 나누어라.

③ 다른 책을 읽고 소개하라.

④ 독후활동을 강요하지 마라.

⑤ 책으로 다양하게 놀아 보자.

3장

영재가 되는 유일한 지름길!
자기주도학습

아이 스스로 공부하면 얼마나 좋을까? 알아서 척척척! 해낼 수 있는 능력. 자기주도
학습 습관은 단지 공부에 국한되지 않는다. 아이의 삶 전체를 관장하고 추동한다. 이
런 자기주도학습 습관은 어떻게 키워나가야 할까?

자기주도학습이란?

　　'자기주도학습', '스스로 학습', 아마 자녀를 둔 부모라면 많이 들어봤을 단어이다. 흔히 자기주도학습이라고 하며 혼자 공부를 한다는 의미로 해석하는 경우가 있는데 그렇지 않다. 자기주도학습의 진정한 의미는 스스로 학습의 목표와 계획을 세우고, 실행하며, 점검하는 단계를 수행하는 것을 말한다.

　　과거와는 달리 인터넷이 발달하고 4차 산업혁명 시대에 진입하며 정보를 얻는 과정에 있어 시간적, 지리적 한계를 극복하게 되었다. 즉, 우리 아이들 역시 전

세계 어디서든 비슷한 수준의 양질의 교육을 받을 수 있게 되었다. 그렇기 때문에 과거에는 어떤 선생님의 강의를 듣느냐, 얼마나 시간을 그것에 쏟냐가 경쟁력이 될 수 있었지만, 이제는 전반적으로 상향 평준화된 교육 콘텐츠를 갖고서 얼마나 내 것으로 소화하며 새롭게 창조해내고 문제를 해결하느냐가 중요한 시대라는 것이다. 그 핵심은 자기주도학습에 있다.

과거에도 자기주도학습 능력은 중요했다. 공부 잘하는 친구들의 인터뷰를 보면 교과서를 중심으로 혼자서 정리를 해보고 공부한다고 하지 않았는가! 하지만 이 시대의 자기주도학습 능력은 핵심적인 경쟁력이자 갖춰야 할 필수 요소로 자리 잡게 되었다.

실제로 코로나19 사태로 인하여 온라인을 활용한 수업은 사교육뿐만 아니라 공교육에서도 자연스레 도입이 되었고, 그로 인한 스스로 계획하고 조절하며 학습을 진행하는 자기주도학습 능력은 보다 중요시되고 있다. 더 이상 억지로 '공부해! 공부해!'라고 하며 아이들을 끌어가는 시대는 종결되었음을 의미한다.

교육학자들이 말하는
자기주도학습이란?

자기조절학습, 자기교수, 자기규제, 등 다양한 어휘로 이야기되지만 핵심은 학습자 스스로 주도적인 역할을 하는가에 그 의의가 있다. 교육학자 Knowles(1975)는 자기주도학습을 타인의 도움 없이 자기 스스로 주도적으로 학습 목표를 설정하고, 효율적인 학습 전략을 사용하며, 학습 결과를 스스로 평가하는 일련의 과정이라 정의 내렸다. Zimmerman(1986)은 자기주도학습은 동기적, 초인지적, 행동적으로 학습자 스스로 학습에 적극 참여하는 것으로서, 학업 성취를 촉진하는 실제적인 촉진자라고 하였다.

교사주도학습과
자기주도학습의 차이

자기주도학습은 '학습자 스스로 목표 설정, 실행, 평가에 이르기까지 교육의 전 과정을 자발적으로 선택하고 결정하는 학습 형태'를 말한다. 이러한 자기주도학습은 왜 중요할까? 학습과 아이의 삶에 있어 더 효과적이기 때문이다.

교사주도학습과 자기주도학습의 가장 큰 차이는 어떤 동기에 의해 학습하는지에 있다. 교사나 부모 등 외부적 자극 없이 스스로 무엇인가를 하려고 하는 동기와 그에 따른 행동 자체가 자기주도학습을 말한다.

지금부터 준비하는 부모 교과서

학습에 주도성을 갖고 있는 아이는 선생님의 말만 따라가는 수동적인 아이보다 더 많은 것을 배울 수 있다. 배움에서 얻어지는 재미와 스스로 익힐 때의 희열을 얻을 수 있다. 또한 외적 동기가 아닌, 내적 동기로 학습을 하기 때문에 아이가 더 집중할 수 있다. 당연히 진도를 나가기 위한 학습이 아닌, 본인 스스로 문제 해결하고 흥미 있는 것을 탐구하는 학습으로 진행된다.

구분	교사주도학습	자기주도학습
학생	의존적인 존재	자율적인 존재
학생의 경험	교사의 교육내용이 중요	학생들의 다양한 경험이 학습의 중요한 자원
학습의 준비도	동일 학년의 학생은 학습할 준비도가 동일	동일 학년의 학생일지라도 학생마다 학습의 준비도는 다름
학습의 지향점	교과 중심	과제 또는 문제해결 중심
학생의 학습 동기	외재적 동기	내재적 동기

4차 산업혁명 시대의 경쟁력, 자기주도학습

평생 학습 시대다. 학습에 끝이 없다는 이야기다. 미래 시대에서 가장 요구되는 능력에 관해 많은 학자들이 공통적으로 이야기하는 역량이 자기주도학습 역량이다.

대부분의 대한민국 학생들은 엄마의 치맛바람에 따라 끌려가고, 시대의 흐름에 따라 자신이 무엇을 원하는지 모른 채 성인이 된다. 매스컴이나 친구들의 욕망에 따라 살아가는 인생, 그러다 불현듯 정신을 차리곤 한다. 혹은 현재 인생에 스스로 타협을 하거나 한다.

지금부터 준비하는 부모 교과서

문제는 결국 자기주도학습이다. 스스로 목표를 세우고, 실행하고, 성찰하며, 다시 목표를 세우는 능력이다. 흔히 "자기주도학습은 스스로 공부하는 것이죠."라고 말하지만 사실 자기주도학습의 진정한 의미는 혼자 공부하는 데 그치지 않는다.

자기주도학습 능력은 어느 순간 뿅 하고 나타나지 않는다. 초, 중, 고등학교 교육 단계에서 그 힘을 서서히 길러 나가야 한다. 학원식 수업이나 일방적 수업 방식에 익숙해져 버리면, 스스로 학습할 수 있는 자기주도 학습 능력을 놓치게 된다.

현 교육과정에서는 과학기술 창조력과 인문학적 상상력과 바른 인성을 겸비한 새로운 가치를 창출하는 인재 양성을 큰 목표에 두고 있다. 지식과 지식을 융합할 수 있는가?, 새로운 것을 창출하는 창의력을 갖추는가?를 탐색하며 함양하고자 한다. 심지어 많은 대학교에서는 자기주도학습 전형이 있다. 이 모든 것에 해답이 바로 자기주도학습에 있다.

자기주도학습을 이루는
3가지 조건

　　　　　　자기조절학습이론의 기초를 닦은 Zimmerman은 학습자들이 학습의 목표를 달성하기 위한 요소로서 동기 조절, 인지 조절, 행동 조절 이 세 가지를 강조하였다.

　여기서 말하는 '동기, 인지, 행동'을 좀 더 쉬운 말로 바꾸면 '마음먹기, 자기 파악하기, 환경 조성하기'이다. 이 세 가지 영역이 균형 있게 발달해야 효과적인 자기주도학습 습관을 기를 수 있다.

학습 동기

먼저 마음먹기, 동기를 살펴보자. 동기란 두 가지 하위 키워드를 내포한다. 학습 동기는 외재적 동기와 내재적 동기로 나눌 수 있다. 외재적 동기란 소위 우리가 많이 듣던 '당근과 채찍'으로 부를 수 있다. 쉬운 예로 '이번 시험에서 90점을 넘으면 장난감을 사줄게' 하는 방법들이다. 반대로 상대의 기준에 충족하지 못했을 때 벌을 줄 수도 있다. 즉 사람을 움직이는 동기가 밖에서 작용한다.

이 외재적 동기는 효과를 빠르게 볼 수 있다. 하지만 면역력이 쉽게 생길 수도 있다. '뭐야, 지난번에는 저런 것도 사줬는데 이번엔 고작 이거야? 안 할래!'라고 반응하기도 쉽다는 것이다. 물론 효과성을 고려하고 아이에게 학습에 대한 시작을 돕기 위하여 때로는 적절하게 사용하는 것이 나쁘지는 않지만 과잉되면 안 된다는 것을 강조하고 싶다.

이렇듯 외재적 동기가 마냥 부정적인 방법은 아니

지만 정말 중요한 것은 내재적 동기를 자극시키는 것이다. 내재적 동기란 아이 스스로 왜 해야만 하는지 이유와 목적을 정확히 알고 스스로 움직일 수 있는 마음의 힘을 의미한다. 아이의 마음을 움직이는 부분이라 쉽지 않을 수 있다. 하지만 효과는 외재적 동기보다 크고 좋다.

내재적 동기를 불러일으킬 좋은 방법은 '대화'이다. 아이에게 해야만 하는 이유, 하고 나서의 효과를 말로 들려주는 것도 중요하겠지만, 더 강조하고 싶은 부분은 몸으로의 대화, 눈으로의 대화다. 즉 부모부터 뭔가의 행위에 대하여 왜 해야 하는지 아이에게 들려주고, 스스로 계획을 세우고, 그 계획을 아이에게 들려주고, 직접 그 행위를 하는 모습을 보여주며 효과를 보여주는 방법이다.

인지

인지는 자기 자신을 정확히 알고 이해하는 것부터 시작한다. 내가 잘하는 것은 무엇인지, 부족한 것은 무엇인지 혹은 얼마만큼 부족한지를 아는 것이다. 이러한 역량이 뒷받침되었을 때 본인에게 적합한 학습 계획을 세우고 평가하고 목표를 설정할 수 있다.

주의할 점은 부모의 무조건적인 칭찬이나 무조건적인 훈육은 자칫 독이 될 수 있다. 아이에게 정확히 본인 스스로 판단할 잣대를 모호하게 만드는 격이 되기 때문이다. 칭찬이나 훈육을 할 때는 구체적이고 정확하게 하되, 부족한 부분에 있어서는 '이렇게 한번 해보는 것은 어떨까?'라고 제안하며 아이가 스스로 생각할 기회를 얻을 수 있도록 묻는 것이 바람직하다.

행동

이제 행동이라는 키워드에 대하여 살펴보자. 자기주도학습 습관 형성의 시작은 마음을 먹고 계획을 짠 후 실행할 수 있는 환경 조성이다. 행동은 바로 이 환경과 밀접한 관련성이 있다. 소위 말하는 명문 학교를 보내고 싶은 이유들은 뭘까? 높은 진학률? 그것의 바탕에는 우수한 강사진, 좋은 시설, 면학 분위기 등이 있을 것이다. 바로 환경적인 요인을 말한다. 그렇기 때문에 최근엔 거실을 일종의 홈 도서관으로 꾸며 놓은 가정들도 종종 볼 수 있다. 책과 친해지고 학습에 대한 거부감없이 자연스러운 환경을 조성할 수 있는 좋은 방법이다.

한 가지 더! 여기서 말하는 환경이란 비단 물리적인 환경만을 말하는 것은 아니다. 아이가 학교에 갔는데 적응 문제나 교우관계에 있어 힘들어한다면 과연 수업에 집중이 될까? 이렇듯 심리적인 환경 또한 매우 중요한 요소이며 물리적, 심리적 환경을 포함하여 행동을 유발하고 자기주도학습을 효과적으로 할 수 있는 3번째 요소라고 볼 수 있다.

톡톡 팁

자기주도학습의 3가지 조건

동기	자기효능감, 목표지향성, 내적동기 "학습을 시작하는 내적인 힘"
인지	학습 계획, 전략, 이해 / 사고 "정보를 기억, 이해 / 학습 계획, 점검, 평가"
행동	행동, 시간, 노력, 조절 "실제로 실천 / 행동"

간단하게 활용하는
자기주도학습 지도

자기주도학습은 책상에서 배울 수도 있지만 삶 전체를 통해서 배워나가는 것이다. 무엇이든 처음부터 잘하는 사람이 없듯이 아이에게도 제대로 된 양육과 지도 방법이 필요하다.

부모의 도움

부모가 먼저 아이를 위한 효과적인 교육 방법을 배우는 것이 필요하다. 초등학교 저학년의 경우, 최소

12~16년간 공부를 준비하는 첫 단계이다. 그렇기 때문에 무엇보다 습관을 기르는 것에 집중해야 한다. 공부 습관은 무조건 교과서에 관한 공부에만 초점을 맞추는 것이 아니다. 아이 주변 환경 요인들을 전반적으로 살펴보아야 한다. 학습적, 정서적, 환경적인 차원에서 관찰해 봐야 한다.

학습 순서표와
학습 다짐표 활용

무엇보다 아이의 내적 동기가 중요하다. 구체적으로 하고자 하는 실천 의지, 마음가짐이 중요하다. 이러한 동기가 없으면 하기 싫은 것을 억지로 하면 부작용이 생기기 마련이다. 그러기 위해서는 아이가 집중할 수 있는 환경을 만들어 주어야 한다.

아직 집중력이 부족한 초등학교 저학년의 경우에는 아이와 함께 학습 순서표와 학습 다짐표를 작성해보자. 부모님은 아이가 요청할 때 도움만 주고 적극적으로 관여해서는 안 된다. 완성된 순서표와 다짐표를 책상 앞에 붙여 놓고, 그 내용대로 생활화가 될 수 있도록 도와주자.

교과 학습 이외의
선택 과제 학습 활용

매일 학교에서 배우는 교과 학습과 별개로 아이에게 스스로 과제를 선택하도록 유도하자. 스스로 과제를 선택하고 목표와 계획을 세우며 실행까지 하는 경험은 자기주도학습 습관 형성에 큰 도움이 된다. 이러한 선택 과제 활동은 학교 과제 중심의 학습에서 벗어나 자신에게 맞는 재미있는 과제를 스스로 선택하여 활동할 수 있다. 주제 및 난이도에 따라 단계적으로 선택 과제를 제시하다 보면, 아이는 스스로 변화하여 과제 내용에 호기심을 갖고 스스로 과제를 찾아 학습하는 자기주도학습 능력이 나타나게 된다.

초등학교를 준비하는 엄마들의, 자기주도학습 지도

엄마는 아이가 초등학교 고학년이 되면 아이 스스로 계획을 세우고 그에 맞게 시간을 활용하고 공부를 하길 바란다. 하지만 아이 스스로 계획하고 실천하기까지는 많은 어려움이 따르기 마련이다. 그렇다면 우리 아이의 공부 독립! 자기주도 학습 습관을 기르기 위해 어떤 준비를 해야 할까?

시간 관리는 작은 부분부터 시작해보자

시간 관리는 아이들에게 별도의 지속적인 연습이 필요한 부분이기도 하다. 우선 짧은 시간이더라도 해야 할 일을 적어두고 언제, 어떤 순서로 할 것인지 결정하고 실천해보도록 한다. 예습, 복습, 숙제 등 아이가 눈앞에 놓인 과제들에 우선순위를 메기고 스스로 학습량과 시간을 조절할 수 있도록 계속해서 엄마도 함께 지켜보고 대화하는 것이 중요하다. 시간 관리는 비단 학습뿐만 아니라 아이 생활 전반에 큰 영향을 주기 때문에 올바른 습관을 형성할 수 있도록 노력해야 한다.

결정권은 아이에게 넘기자

스스로 옷을 골라 입고, 알림장을 보며 준비물과 책을 챙기고, 숙제를 점검해보거나 필요하다면 학원 수업을 듣는 등 생활 속 사소한 것부터 공부 방법까지 모든 결정권을 아이에게 넘겨주는 연습을 해야 한다. 스스로 선택하는 것의 즐거움을 알고 때론 책임을 질 줄 아는 태도를 배우고 이러한 과정이 습관화되면 자기주도학습도 훨씬 수월하다.

성공적인 자기주도학습 습관 형성을 위한 세 가지 제안

① 등교 준비는 스스로!

등교 준비는 단순히 준비물이나 책을 챙기는 것뿐만 아니라 상황에 따라 옷차림을 바꾸거나 발표, 수행평가 연습과 같은 과정들도 포함된다. 준비가 철저하면 아침 시간 분주하게 서두르지 않고 학교생활에 자신감도 생긴다. 이러한 습관은 시험이나 수행평가 등 장기적으로 치르는 과제들을 스스로 계획을 세워 잘 해결해갈 수 있는 밑거름이 된다.

② 수업 시간에 집중!

고학년이 되면 학교 수업에 무성의한 태도를 보이기도 한다. 그러나 수업을 제대로 듣는 것이 가장 효율적이고 효과적인 학습 방법임을 인지해야 한다. 그뿐만 아니라 선생님에 대한 올바른 태도를 유지하는 것도 중요하다는 것을 반드시 알아야 한다.

③ 복습은 바로바로!

복습은 매일 조금씩 하면 금방이지만 미루면 학습량이 늘어나고 효과가 떨어진다. 학년이 올라갈수록 학습량이 늘어나고 내용의 깊이가 깊어지므로 매일 교과서를 집에 가져와 진도만큼 문제를 풀면서 복습하는 과정을 거쳐야 한다.

첫술에 배부르랴!

초등 고학년으로 올라가면 자기주도학습의 시행착오를 겪기 좋은 시기이다. 하지만 엄마는 아이 스스로 선택하도록 제안하다가도 어려움을 만나면 나서서 해결해 주곤한다. 따라서 자기주도학습 습관 들이기는 아이가 변화될 때까지 기다려줄 수 있는 엄마의 인내심이 어느 때보다도 중요하다.

성공적인 자기주도적
독자 만들기

신뢰 쌓기

아이 스스로 책을 찾아 읽는 독서가로 만들기 위해서 먼저 해야 하는 일은 부모 자녀 간 신뢰이다. 어린 자녀를 두었다면 부모가 해야 하는 것은 무한정 신뢰다. 그렇게 해야 아이도 부모를 믿는다. 아이에게 엄마에게 가장 많이 듣는 "책 좀 읽어라!" 하는 말에는 '아이가 책을 읽지 않았을 게 분명하다.'는 숨겨진 의미가 담겨 있다. 아이의 행동을 신뢰하지 못하는 부모의 태도가 아이의 자기주도성을 방해할 수 있다.

지금부터 준비하는 부모 교과서

책 고르기

다음으로 권하는 것은 가정에 있는 책 혹은 도서관에서 빌려온 책을 비롯해 아이에게 읽으라고 권하는 책을 찬찬히 살펴보는 일이다. 먼저 확인해야 하는 것이 아이의 수준에 맞는 책인지, 너무 쉽거나 어렵지는 않은지, 아이가 재미있어하는 주제들인지 살펴야 한다. 아이 스스로 책 읽기를 하지 않는 대부분의 모습은 너무 어려운 책이나, 재미없는 책을 제공해 주는 경우가 많다.

간혹 아이가 읽으면 좋을 만한 책들을 미리 사두는 경우도 있다. 중학생이나 되어서야 읽을 법한 책들을 말이다. 아이의 수준과 무관한 추천 도서 목록에 의존하면 아이의 자기주도적 책 읽기 습관을 저해할 수 있다. 아이가 어떤 책을 좋아하고 관심 있어 하는 주제가 무엇인지 부모가 알고 있어야 한다. 이것을 통해 아이와 소통의 시간도 늘릴 수 있고 아이의 생각과 느낌을 알 수 있는 기회도 제공된다.

시간 확보하기

마지막으로 확인해 볼 것은 '자녀에게 책 읽을 시간을 주고 있는가'이다. 아이가 여러 해야 할 일로 바쁘다면 책 읽을 시간이 없다. '학원 가기 전까지의 30분이면 독서 시간으로 충분하지 않을까?'하고 생각했다면 곤란하다. 책 읽기란 책을 고르고 읽고 읽은 내용을 바탕으로 독후 활동까지 생각할 시간까지를 생각해야 한다. 충분한 여유를 가져야만 읽고 싶어진다. 아이가 해야 할 것들이 너무 많은 채 살아가고 있다면 자기주도적 독자로 만들기 어렵다.

온 집안을 장식할 만큼 책을 갖추었다고 해서 책 읽기를 즐거워하는 것은 아니다. 수준 높은 책이 주어진다고 하여 아이의 지식이 풍부해지는 것은 아니다. 오히려 너무 많은 책과 선행 독서가 자기주도 읽기를 방해될 수 있다. 무엇보다 부모가 중점을 두어야 할 것은 아이가 자기주도적인 생활을 하도록 양육하는 일이다.

학원 다니는 것은 필요 없을까?

　　　　　　　동기, 인지, 행동. 마음을 먹게끔 도와주고 스스로의 강, 약점을 분석하여 계획을 세우고 환경만 조성하면 자기주도학습을 완성할 수 있을까? 실제로 그렇게만 된다면 완성에 가깝게 자기주도학습을 해 나갈 수 있을 것이다.

　하지만 아이들의 상황은 저마다 다르다. 그렇게 이상적으로 되었다면 학원을 비롯한 사교육 시장이 이렇게 성행할 수는 없었을 것이다. 필자 역시 무조건 학원을 반대하는 입장은 아니다. 학원 등 일반 사교육의 목적은 교과 문제를 잘 풀 수 있게 도와주는 역할이 강하다. 아이의 성향이나 현재 상황이 문제 푸는 연습에 집중을 해야 한다면 학원이 더 효과적일 수도 있다는 것이다.

학원을 다니는 여부의 문제가 아니다. 아이가 자기주도적 학습 습관을 가지고 있느냐 아니냐에 문제다. 아무리 비싸고 좋은 학원이라도 아이 스스로 학습에 대한 주도성이 없다면 돈과 시간을 낭비하는 것이다. 학원에 다니더라도 아이 스스로 선택하고 왜 학원에 다니고 무엇을 해야 하는지 이야기 나눠보는 것을 추천한다.

학원 수업이 필요한 아이들 유형

① 공부는 열심히 하는 것 같은데 점수가 오르지 않는 아이
② 같은 문제를 반복적으로 틀리는 아이
③ 정해진 공부 시간을 제대로 지키지 못하는 아이
④ 무엇부터 해야 하는지 방향을 잡기 어려워하는 아이

성취감을 맛보게 하라!

당장! 지금! 부모가 할 수 있는 가장 큰 부분은 작은 성취를 맛보게 하는 것이다. 특히 아이의 문제의 정답 여부, 점수보다는 아이의 학습 태도, 시간 등 과정에 대한 칭찬과 반응을 해주는 것이 바람직하다. 또한 아이가 자신 있어 하는 문제를 부모에게 설명해달라고 요청하여 풀이 과정을 들으며 반응해주는 것 역시 훌륭한 방법이라고 할 수 있다.

4장

아이 인생의 나침반,
인성!

똑똑한 아이로 키우고 싶은가? 마음이 따뜻한 아이로 키우고 싶은가? 대부분 똑똑한 아이라고 답할 수 있다. 똑똑한 머리는 필수지만, 너무 착하게 사는 것은 옳지 않다. 라고 생각할 수도 있다. 하지만 사실 인성이 경쟁력이다. 지능은 인성에 기반을 둔다. 결국 인성이 경쟁력이다.

나를 다스리는 힘,
정서성

정서가 안정된 아이

어떤 관광객이 유명한 폭포 앞에서 계속해서 감탄사를 연발하였다. 그리곤 한참을 구경하다가 목이 말라 그 청량해보이는 폭포의 물을 떠서 마셨다. 그런데 폭포 옆 팻말에 포이즌이라고 써 있는 게 아닌가. 팻말을 본 관광객은 얼굴이 파래지면서 배가 아파옴을 느꼈다. 점점 더 심해지더니 창자가 녹아내리는 것 같은 아픔을 호소하기 시작했다.

함께 폭포 여행을 갔던 가족과 동료들이 황급히 병

원에 달려가 자초지종을 이야기하고 살려달라고 의사에게 사정을 했다. 한참을 자초지종을 듣고 의사는 껄껄 웃기 시작했다.

그러면서 그는 이렇게 말했다.

"포이즌은 영어로는 독이지만, 프랑스어로는 낚시 금지
 입니다."

의사의 이 한마디에 그렇게 아팠던 배가 아무렇지도 않게 되었다고 한다. 스트레스 상황은 누구나 직면하기 마련이다. 하지만 이를 어떻게 받아들이고 극복하느냐가 중요하다는 대표적인 이야기다.

심적안정과 외적으로는 회복탄력을 합쳐서 정서안정성이라고 한다. 심적안정은 극단의 감정이 안정적으로 조절된 상태를 뜻한다. 또한 회복탄력은 심적안정을 바탕으로 스트레스를 받은 상태에서도 부정적인 감정을 극복하고 다시 평정심을 유지하고 극복할 수 있는 능력을 뜻한다.

우리 아이의 미래 경쟁력은 이 정서안정성에 있다. 외부에서 어떤 자극이 오더라도 스스로 평정을 유지하고, 문제를 해결할 수 있는 역량이 각광받고 있다.

정서안정성 체크

높을 때 증상	차분하며 안정적인 상태, 느긋함, 스트레스에 대한 해결책이 있음
낮을 때 증상	감정에 따라 성급하게 행동, 우울감, 무기력증, 스트레스에 취약

회복탄력성이 주는 힘

미국의 심리학자 에미 워너(Emmy Werner) 박사는 1954년부터 신생아 833명을 대상으로 30년에 걸쳐 추적조사를 하였다. 연구팀은 하나의 가설을 갖고서 추적조사 실험에 임했다. 열악한 환경에서 자란 아이들은 상대적으로 사회부적응자로 성장할 가능성이 많을 것이라는 가설이었다.

하지만 결과는 달랐다. 특별히 심각한 상황을 경험한 아이 200여 명 중 3분의 1 이상이 아무런 문제 없이 훌륭하게 성장을 한 것이다.

대체 이 아이들의 공통점은 무엇이었을까? 회복탄력성이라는 단어로 압축이 가능하다. 이 아이들은 자기조절 능력, 대인관계 능력, 긍정성 등에서 높은 수준을 보였으며, 특히 믿고 의지할 수 있는 어른이 주변에 존재하였다. 즉, 관계 형성이라는 부분이 회복탄력성의 중요한 요인이라는 것을 증명하는 실험이었다.

'나와 우리 아이를 살리는 회복탄력성'의 저자 최성애 박사에 따르면 아이의 회복탄력성을 높이기 위해서는 첫째 자신의 감정을 표현하는 연습을 하며, 즐거운 기억을 자주 떠오르고 친구 어른 등 믿고 교감할 수 있는 주변과 소통을 하라고 말한다. 즉 이것은 자신을 돌아보고 이해하는 연습이 필요하며, 긍정적으로 사고하고, 상대방을 이해하는 일련의 방법들이 필요하다는 것이다.

회복탄력성을 키우는 방법은 별다를 게 없다. 많이 시도하고 실패하고 다시 일어날 힘을 주어야 한다. 아이를 키우다 보면 일희일비하는 상황이 많이 찾아온다. 아이가 하는 실수도 부모가 어떻게 반응하느냐에 따라 실패를 통한 발돋움이 될 수도 아닐 수도 있다.

잠자리 독서로
정서안정성 높여주기

정서안정성을 높이기 위한 방법을 알아보자. 우선 생활 속에서 가장 쉽게 할 수 있는 게 독서이다. 그냥 단순히 책을 읽는 것이 아니라 몇 가지 스킬과 방법이 가미된다면 효율적일 수 있다. 먼저 회복탄력성뿐만 아니라 효율적인 독서를 아우르는 방법으로 잠자리 독서를 강조한다.

아이가 잠잘 준비를 끝내고 엄마 아빠의 목소리로 책을 읽어주는 것이 가장 받아들이기 편하고 효과적이기 때문에 강조를 하는 것이다. 이때 꼭 한 권을 다 읽어주지 않아도 괜찮다. 어느 정도까지 읽었다면 거기에 스토리 독서 기법을 녹일 차례이다. 아이와 각 캐릭터의 상황과 성격을 이해하며 다음 이야기를 꾸미기도 하고 나라면 어땠을까? 스스로 탐색할 기회를 주며, 행복한 결말을 같이 만들어 가는 것이다.

이는 스스로를 이해하며 여러 등장인물들을 통해 상대방을 이해하며 관계를 맺을 수 있는 공감소통 능력, 커뮤니케이션 능력을 기르는 데에도 효과적이며 책을 통해 긍정적인 사고를 기를 수 있는 연습을 하는 데 최적화된 방법이 될 수 있다.

잠자리 독서를 통해 얻을 수 있는 것은 이뿐만이 아니다. 아이와 대화를 통해서 하루를 돌아볼 수도 있다. 또한 아이가 무엇을 좋아하고, 어떨 때 상처받는지도 이야기를 나누면서 알 수 있게 된다. 아이 입장에서는 부모가 나에 대해 알아주고 내 문제를 함께 고민하고 있다는 안정감을 받게 된다.

정서안정성의 시작은 외부에 있지 않고 아이 자신에게 있다. 아이가 때에 맞는 성장이 이루어지도록 부모가 해야 할 것은 도와주고 지지해주고 알아주는 것이다. 너무 강압적이지도 그렇다고 방임하지 않은 채 아이의 지원자 역할이 되어주자.

흔들리지 않는 기준,
도덕성

도덕성에 대한 이해

도덕성이란 아이가 다른 구성원과 더불어 살아가기 위해 필요한 행동과 사회에서 함께 약속된 가치관을 지켜나가는 것을 말한다. 자신만이 세계의 전부인 것처럼 살았던 아이가 어린이집, 유치원, 학교에 가면서 규칙과 규율, 함께 만들어 가야 하는 도덕성에 대해서 배우기 시작한다. 쉽게 말해 옳고 그름을 판단하는 능력이라 말할 수 있다. 이러한 능력은 유아~초등 시기에 걸쳐 발달하고 아이 인생에 지대한 영향을 끼친다. 아이의 도덕성이 중요한 이유는 도덕성은 학습, 가치관, 삶의 태도와 연관되기 때문이다. 아이의 행복을 위해서 이것저것 좋다는 학습은 다 시키지만 인성적인 영역을 다뤄주지 않으면 모든 걸 다 그르칠 수 있다.

콜버그(Lawrence Kohlberg)는 도덕을 '도덕 판단에 기초를 둔 의사결정이라 말했다. 아이 스스로 도덕적인 삶을 행하는 삶을 연습해야 한다. 아이는 유아 시기부터 초등 시기까지 도덕성 발달 단계를 거친다. 그리고 그것이 그 아이의 인생의 가치관, 세계관에 큰 영향을 미치게 된다. 특히 초등학교 입학을 앞둔 아이들의 경우 부모에 의해 강제로 지켜졌던 타율적 도덕성에서 자율적 도덕성으로 넘어가는 과도기를 어떻게 보내냐가 평생 아이의 도덕성을 만든다고 봐도 과언이 아니다. 이러한 도덕성을 길러주기 위해서 어떻게 해야 할까?

① 마음 알아주기(정서, 마음)

아이가 도덕적 잘못을 저지른 경우 다급히 잘못을 야단치는 것은 좋지 못하다. 아이의 감정과 마음을 우선 알아줘야 한다. 어떤 마음에서 그랬는지, 어떤 이유가 있고, 어떤 과정에 걸쳐서 그렇게 행동하게 되었는지 아이 입장을 이해하는 태도가 우선되어야 한다.

② 명확하게 알려주기(인지)

아이의 마음을 알려주고 끝나면 안 된다. 자칫 아이는 "엄마는 무조건 내 편이구나." "뭐든 해도 괜찮구나." 생각하고 행동할 수도 있다. 마음을 알아주었다면, 마땅히 해야 할 도덕적 규칙에 대해서 차근히 말할 필요가 있다. 친구의 물건을 빼앗았다면 이 물건은 친구의 것이다. 내 것과 남의 것이란 게 있다고 말해줘야 한다. 아직 자기중심성이 강한 아이에게 모호하게 들릴 수 있지만 계속 연습해줄 필요가 있다.

③ 해결책 제시하기(행동)

잘못을 저질렀을 때 마음을 먼저 알아주고 도덕적 가치를 인지시켜주었다면 행동으로 옮기게 도와주어야 한다. 친구의 물건을 빼앗았다면 친구에게 먼저 사과하도록 지도해야 한다. 본질적으로 아이의 마음에 있는 원인을 해결할 행동을 취해야 한다. 엄마와 함께 노는 시간을 늘려본다든지, 다른 놀이를 해보도록 안내한다든지 방안이 필요하다.

학자들이 말하는 도덕성

콜버그의 도덕성 발달

STEP 1	처벌 및 복종 지향	권위자 또는 강력한 힘에 복종하고 처벌을 피하려 함	1수준 (인습이전 도덕 수준)
STEP 2	욕구충족, 거래	타인도 자신과 같은 욕망이 있다는 것을 이해하고, 자기 이득을 위한 수단으로 타인과 거래함	
STEP 3	대인관계의 조화, 평판 중시	다른 사람이 기대하는 역할과 행동을 수행하려 한다. 평판을 중요시함	2수준 (인습적 도덕 수준)
STEP 4	사회질서 및 권위유지	사회질서를 유지하기 위해 법으로 시민의 권리와 의무를 지게 된다는 것을 신뢰함	

STEP 5	사회계약 지향	기본 권리와 가치, 사회의 합법적 계약에 근거하여 도덕적 관념을 둠	3수준 (인습 이후 도덕 수준)
STEP 6	보편적 윤리	전 인류애적인 보편 윤리적 원리에 따라 도덕적 결정을 내림.	

피아제 도덕성 발달

전도덕성 단계	0~4세		
타율적 도덕성 단계	5~7세	타인의 강요에 의해 만들어진 도덕성	모든 차는 빨간불에 무조건 서야 한다. 앰뷸런스도 빨간불에 무조건 서야 한다.
자율적 도덕성 단계	8~12세	규칙과 규범이 어떤 상황에 따라 변할 수도 있다는 것을 알게 되는 시점	차는 빨간불에 서야 한다. 하지만 사람을 살리기 위한 긴급한 상황에서는 빨간불에도 이동할 수 있다.

책임질 수 있는 아이로 키우자

도덕성은 책임성이 강한 아이를 키우는 기초가 된다. 어떤 일에 대해 잘못된 결과가 나온다 해도 자신이 책임질 수 있는 마음을 지니는 아이. 정직하게 주어진 일과 역할을 묵묵히 해내어 가는 아이의 모습에서 책임감을 엿볼 수 있다.

왜 그럴까? 대부분 양육자와 연관되어 생길 수 있다. 양육하는 엄마가 무섭거나 행동이 일관성이 없다. 스스로 할 수 있는 능력보다 과한 과제를 자주 들이밀 때 회피하려고 한다. 회피책을 찾아 나서고 책임지기 싫어한다. 부모는 보통 소리치는 경우가 많

다. '~하지 말랬잖아!, ~해!, 그러지 말랬지?, 혼난다?'
하지만 이런 이야기는 아이를 강압적으로 잠시 행동
을 멈추게 할 수 있지만 내면 깊은 곳 책임성에는 크
게 관여하지 못한다.

여러 인성 영역 중 준법성에 영향을 미치는 부분은
엄마, 아빠의 양육에 대한 방향성이다. 예를 들어 아
이가 TV로 가수의 공연을 보면서 춤과 노래를 따라
한다고 생각해보자. 엄마는 이렇게 말한다. "너 대체
뭐가 되려고 그래? 엄마가 TV 보면서 따라 하지 말랬
지?" 하지만 아이의 그런 모습을 본 아빠는 "아이고
귀여워, 너무 잘하네? 또 해봐"라고 말한다. 아이는
어떤 생각이 들까? '뭐야, 대체 나보고 어쩌란 거야~
누구 말을 들어야 하지?'라는 혼란에 빠질 수 있다. 그
렇기 때문에 아이의 양육 태도에 있어서 올바른 방향
과 함께 그 방향을 엄마와 아빠가 공유하여 일치시켜
행동하는 것이 중요하다.

또 한 가지 방법은 부모가 먼저 본을 보여야 한다.
아이에게는 스마트폰을 하지 말라고 하면서 부모 스

스로는 스마트폰을 자제하지 못하면 아이는 혼란스러워한다. 말과 행동이 같아야 한다. 그렇기 때문에 함께 노력하고 키워나가는 것이 바로 준법성이라 볼 수 있다.

도덕성과 학업의 관계

인성과 학습을 올바르게 이끄는 힘, 도덕성에 있다. 아이들에게 도덕성이 중요한 이유는 도덕성이 높은 아이들에게 나타나는 긍정적 발달 특징 때문이다. 만 3~4세 유아의 경우, 그릇된 행동을 하더라도 잘못되었다는 사실을 인지하지 못하므로 태연하게 거짓말을 한다. 행동에 대한 수치심을 느끼는 시기는 대개 이성을 관장하는 전두엽이 확립되는 만 5세부터이다. 이 영역의 발달은 학습과도 긴밀하게 연결된다. 당장 게임을 하고 싶지만, 선생님과 약속한 숙제를 먼저 하는 자제력을 지닌 아이는 그렇지 못한 아이에 비해 학습 능력을 더욱 키울 수 있다. 도덕성이 강한 아이는 이처럼 자신이 정한 기준에 따라 유혹을 뿌리치고 올바른 길로 걸어가는 힘이 있다.

도덕성이 좋은 아이는 단순하게 착한 일을 많이 하고 친구 관계가 좋다는 데 국한되지 않는다. 도덕성은 전체의 이익을 위해 자신의 행동을 아는 것이기 때문에 전체를 생각하는 마음이 크다. 즉 공감하고 소통하는 역량이 발달한다. 언어 영역 문제를 풀 때 가장 중요한 게 글을 쓴 저자의 내용을 제대로 이해하는 것이다. 어려운 문제는 대부분 함정이 도사리고 있다. 이 함정에 쉽게 빠지는 게 자제력이 약한 친구들이다. 도덕성이 발달한 친구는 문제를 풀면서도 스스로 자제할 줄 안다.

인성과 학습의 연관성은 이미 많은 학자들이 말하고 있다. 단순 지식 정보를 암기하는 것부터 어려운 문제를 해결하는 것까지 인성의 영역이 관여한다. 이러한 역량을 무시한 채 단순히 산수를 잘하거나, 글을 빨리 읽는 역량만 키운다면 당장은 좋아 보일지 모르나 길고 넓게 봤을 때는 분명 문제가 생긴다.

함께 살아가는 역량,
사회성

최초의 사회, 가정

아이의 사회성은 어디서 시작될까? 바로 가정에서
부터다. 그리고 성장하며 더 다양한 사람, 세계를 만
난다. 사회성은 세상을 살아가기 위한 기본 개념이
다. 스스로의 자아를 형성하고, 다른 사람과 협동, 도
덕 등 일상생활을 하기 위한 모든 영역을 포함한다.
사회성의 작은 의미로는 대인관계 능력이라 생각할
수 있고 넓은 의미로 나를 둘러싼 세계에 관한 문제해
결 능력이라 할 수 있다.

아이들은 가정 안에서 엄마, 아빠, 형제자매와 상호 작용을 통해 사회성을 발달시킨다. 그리고 또래와 어울리며 사회성을 확장 시킨다. 함께 놀며 규칙, 규범, 양보, 배려, 인내를 배운다. 내가 아닌 상대방의 입장, 우리의 공동 이익에 관해 배운다.

사회성은 억지로 외워서 얻어지는 지식이 아니다. 정서적으로 안정되고, 다른 사람의 입장에서 생각할 줄 알고, 나를 표현할 줄 아는 아이에게 나타나는 능력이다. 무엇보다 나와 다른 사람의 감정을 인식하고 적절히 대응하는 경험이 중요하다. 이러한 경험은 다양한 이야기의 주인공을 만나보고 생각하는 독서를 통해 얻어질 수 있다. 책을 읽고 난 후 주인공의 감정에 대해 이야기해보는 활동은 아이 마음의 키를 한층 더 자라게 할 것이다.

요즘 많은 아이들은 사회성을 배울 기회가 적어졌다. 아이들이 어울릴만한 공간과 시간이 많이 사라졌기 때문이다. 경쟁과 공부를 중요시 여기는 사회 분위기 속에서, 친구와의 관계보다 눈앞에 성적이 중요하게 되었다. 아이의 사회성을 높이는 방법을 부모가 끊임없이 관심을 가지고 있어야 한다.

공감하는 아이로 키워라!

공감소통 능력은 상대방의 입장을 이해하고 관계를 원만하게 유지하는 것을 말한다. 예를 들어 친구가 다쳐서 아팠을 때 '너무 힘들겠다'라고 느끼며 측은지심의 마음을 품는 것은 공감이다. 하지만 여기서 그치는 것이 아니라, '많이 아프지? 내가 책가방을 들어줄게'라고 표현하는 것은 바로 관계유지 능력을 나타낸다.

그렇기 때문에 공감소통 능력과 아주 밀접하고 중요한 한 축은 '언어 능력'이다. 단순히 말하기 혹은 쓰기만을 한다고 언어 능력이 높은 것이 아니라 '이해력, 사고력, 표현력'이 갖추어졌을 때 진정한 언어 능력이 발현된다고 볼 수 있는 것이다.

공감소통 능력의 핵심은 나와 타인의 다름을 이해하고 배려하려는 마음을 품는 이타심을 바탕으로, 타인과 긍정적인 방향으로 소통하고 설득할 수 있는 관계유지 능력을 갖춰야 한다.

공감소통 능력에서 주의점은 자존감이 낮은 상태에서 공감력만 높다? 이는 눈치를 많이 보는 아이로 성장할 가능성이 있다. 앞서 이야기하였듯이 자신을 이해하고 존중하는 마음이 선결이 되어야 한다. 본인을 존중할 줄 알아야 타인도 나처럼 귀한 존재라고 인식하며 배려하고 소통할 수 있다.

우리 아이는 공감을 잘하나?

높을 때 증상	주변 사람의 감정과 생각을 잘 헤아림, 존중하고 보살피는 성향, 눈치
낮을 때 증상	자기주장이 강한 편, 자기중심적, 눈치 없는 행동

인성을 키워나가는 부모

미국 한 평론지에 따르면 한국 학생은 전 세계 가장 높은 수학 성적을 자랑하지만 자신을 가장 불행하다고 생각한다고 한다. 우리나라 언론은 이 결과를 단순히 OECD 국가 가운데 수학, 읽기, 과학 학업 성취도 부분 최상위권이라고 보도한다. 그동안 우리 사회는 아이의 인성보다는 성적에 초점을 맞추었다. 생일에 휴대폰을 통해 수백 개의 축하 인사를 받지만, 정작 함께 생일 파티를 할 친구가 없는 것이 우리 아이의 현주소이다. 다시 인성 교육으로 돌아갈 때다. 그것이 곧 미래다.

입시와 채용에서도 '인성' 영역이 강화되고 있다. "학교생활 중 배려, 나눔, 협력 등을 실천한 사례와 그것을 통해 배운 점을 기술하시오." 서울대 수시 문제다. 대기업 채용의 경우 가장 우선순위에 두는 것이 협력, 소통, 관계의 가치다. 즉 지금 시대는 다른 사람과 어떻게 어울리며 새로운 가치를 창출하냐에 맞춰져 있다. 인성 교육은 학교 공부로 배워나가는 것이 아니다. 관계와 행동에서 시작한다. 그리고 그 출발점 가정에서부터 준비되어야 한다.

가정에서 함께할 수 있는 인성 교육

① 대화, 대화 시간을 늘려가자

아이의 말이 서툴더라도 눈을 보며 정성스레 대화해야 한다. 부모와 진정한 대화를 나눈 아이는 사회에 나가서 누굴 만나더라도 자신 있게 말하고 행동할 수 있다. 평소 아이와 시간을 잘 갖지 못했다면 산책 시간을 갖는 등 둘만의 대화 시간을 만들어 보자.

② 꿈, 칭찬해 주자

부모의 칭찬은 아이의 자존감을 높여준다. 칭찬 속에 자란 아이는 자신감이 넘치며 더 큰 꿈을 꿀 수 있다. 부모의 칭찬 속에 자신의 꿈을 더 크게 키워나갈 수 있게 아이가 잘한 점을 끊임없이 칭찬하자. 아이의 세밀한 행동을 눈여겨보고, 칭찬을 아끼지 말자

③ 협동, 함께 해보자고 말하자

아이가 어려워하는 모습을 보면 대부분 부모는 대신 해주려고 한다. 쓰러지는 모습, 실패한 모습, 좌절한 모습을 보고 싶지 않기 때문이다. 아니다. 아이는 실패를 통해 성장한다. 오히려 안될 때 전적으로 해주지 말고, 옆에서 함께 다시 해보자고 말해보자.

지금부터 준비하는 부모 교과서

④ 배려, 주는 연습을 하자

배려는 상대에게 부족한 부분을 채워주는 것이다. 그러기 위해서는 상대방을 이해해야 한다. 주었으면, 당연히 받아야 한다는 마음이 아닌, 전적으로 줄 때의 기쁨을 맛보게 해야 한다. 이를 위해 그냥 주는 연습을 해보자.

⑤ 존중, 먼저 존중하자

모든 부모는 아이가 다른 사람들과 잘 어울리길 바란다. 이를 위해 필요한 것은 타인을 이해하는 것이며, 아이가 주변 사람을 사랑하는 연습을 하면 된다. 부모는 아이의 거울이다. 아이 앞에서 절대 싸우지 않고 엄마 아빠가 서로 존중하는 모습을 보여주어야 한다.

⑥ 책임, 집안일에 참여시키자

책임감을 길러주는 방법으로 가장 쉬운 방법은 바로 집안일을 맡기는 것이다. 어렸을 때부터 청소, 설거지 등 집안일을 많이 한 아이일수록 문제해결력, 책임감, 자신감 등이 높다. 집안일을 통해 작은 일에 책임을 다하는 연습을 시켜주자.

5장

경험으로 완성!
체험학습

실제로 한다는 것에는 강력한 힘이 있다. 오감으로 직접 경험하기 때문이다. 지식을 책상에서 배우는 것보다 직접 경험한 것은 오랜 기억으로 남는다. 아이에게 은행이 무엇을 하는 곳인지 설명하는 것보다, 은행에 한 번 데려가는 것이 더 기억에 각인된다. 백 번 듣는 것보다 직접 한 번 보는 것이 낫다. 그리고 백 번 보는 것보다 한 번 행할 때 그 힘은 더 강력해진다.

체험학습의 중요성

지금 이 글을 읽으며 〈수원 화성〉에 대하여 배웠던 것들을 쭉 나열을 해보자.

'수원 화성은 정조 대왕이 정약용의 거중기를 이용하여 수원에 만들었고…,' 아마 생각보다 많은 내용이 기억나지는 않을 것이다. 당연하다. 우리 대부분은 글로 배웠기 때문이다. 하지만 어떤 독자는 '수원 화성? 거기로 남편과 데이트를 갔었지. 날이 참 좋았어~ 세계 문화유산이라고 하더니 정말 멋지긴 하더라. 팔달문 근처에서 치킨을 먹었었지. 시장도 꽤 크게 있었어. 그러고 보니 그 근처에 있는 산 이름도 팔달산이었지.' 등등 장면과 함께 자연스레 그려지는 사람도 있을 것이다.

이 차이는 무엇일까. 경험의 힘이다.

NTL이라고 불리는 행동과학 연구소의 학습 효과 피라미드 연구 결과를 살펴보자. 아이들의 학습 방법과 효과에 대하여 연구한 러닝 피라미드 결과를 보면 단순히 보고 듣기만 하는 수동적인 교육 방법은 시간이 지날수록 기억하는 부분이 5~30%밖에 안 된다. 반면에 아이가 직접 참여하며 체험하였을 때 그 효과가 극명하게 나타났다.

이를 알기에 교육과정에서 역시 자신의 꿈을 구체화하기 위해 관심 있는 것들을 직접 찾아보고 경험한 학생들을 더 높게 평가한다. 또한 그 연장선으로 교육과정에서는 자율학기제를 운영하며 진로 탐색의 시간을 제공함과 함께 다양한 경험의 기회를 강조한다. 특히 어릴수록 직접 보고 배우는 오감 학습의 효과가 높기 때문에 전문가들도 체험학습에 대하여 적극 권장한다.

2015 개정 교육과정에서의
체험학습

2015 개정 교육과정에는 지식과 이론으로만 배우는 교육이 주가 아니다. 직접 체험하며 몸으로 느낄 수 있는 창의적 체험활동 시간이 강화되었다. 중학교 역시 자유학기제를 전면 실시하여 체험하고 느낄 수 있는 교육을 강조하고 있다.

생활 속 체험학습

체험학습이 필요하다는 것은 알고 있지만 시간적, 지리적, 경제적인 요인들로 인하여 자주 접하기는 어렵다는 생각들도 갖고 있다. 하지만 체험학습이라고 해서 반드시 문화 유적지나 특별한 자연 생태지를 접하는 것이 전부는 아니다. 적절히 주변 환경을 활용하여도 충분히 훌륭한 체험학습을 할 수 있다.

예를 들어 아이와 함께 마트를 가는 길에 잠시 공원에 들러 개미를 관찰하며 '우와~ 이 개미들을 봐. 정말 다리가 여섯 개네? 머리, 가슴, 배가 이렇게 나뉘

어져 있구나~'라고 이야기하며 탐색하는 것 역시 훌륭한 생활 속 체험학습이 될 수 있는 것이다. 또한 동네를 산책하며 지명에 대한 이야기나 우리 동네의 역사, 인물에 대해서도 살펴볼 수 있다. 어디를 가느냐가 중요한 것이 아니라, 얼마나 경험했느냐가 중요하다는 것이다. 생활 속 체험학습을 토대로 때때로 프로그램을 활용하는 것이 금상첨화다.

4차 산업혁명 시대에 들어오면서 체험의 범주는 점차 커지고 있다. 특히 가상현실(Virtual Reality), 증강현실(Augmented Reality) 기술 도입으로 집 안에서도 더욱 풍성한 체험을 이어갈 수 있다. 더욱이 코로나로 힘든 시기인 만큼 이러한 기술적 부분들도 확인하는 것이 좋다.

체험학습과 학업과의 관계

저학년 때 현장 체험학습을 많이 다닌다. 그러다가도 고학년이 되면 이런 활동들이 많이 없다. 오직 이론을 강조하고, 책만 보면서 공부하는 경우가 많다. 하지만 고학년이라도 효과적인 공부를 위해서는 현장 체험학습을 병행해야 한다. 아이는 아직까지 발달 이론 사 구체적 조작기에 해당하기 때문에 직접 보고 느낄 때 시너지 효과가 크다.

특히 사회와 과학 공부에서 현장 체험학습의 효과는 크다. 어려운 개념이나 단어들을 책으로만 익힌다면 쉽게 지루할 수 있다. 하지만 체험학습 요소를 병행한다면 재미없던 공부가 신나는 공부로 바뀔 수 있다.

　박물관은 흔히 창의력과 상상력의 보물창고라 말한다. 아이에게 재미를 줄 수도 있고 더불어 여러 지식을 쌓을 수 있는 곳이다. 전시된 유물들은 과거의 산물이지만 관람자는 현재라는 관점으로 보고 해석하기 때문이다. 우리 주위에는 다양한 박물관이 있다. 국립박물관부터 민속박물관, 전쟁기념관, 독립기념관, 악기박물관, 인쇄박물관까지 종류와 수를 헤아리기 어려울 정도다. 박물관만 잘 활용한다면 사회 과학 공부 절반 이상은 해결할 수 있다. 나아가 아이에게 새로운 전망과 흥미를 키워줄 수도 있다.

현장 체험학습 전 준비

1. 관련 책을 먼저 읽자. 중요한 것은 단순 견학이 아니다. 아는 만큼 보이기 때문이다. 사전 준비가 없으면 그냥 재미있는 것으로 끝날 수 있다.

2. 아이 속에 잠자던 탐구 의욕을 불러일으키자. 요새 박물관이나 과학관에서는 여러 행사들이 진행 중이다. 직접 체험하고 느낄 수 있는 기회를 제공하자.

3. 책에서 배우던 것을 떠나자. 견학이나 탐방 학습은 학교 과학 시간의 한계를 극복하고 과학에 대한 흥미를 일으킬 수 있는 좋은 학습 방법이다.

체험학습 주제 정하기

체험학습 어떤 주제를 갖고서 탐색을 해야 할까?

아이가 좋아하고 관심 있는 분야에 대한 체험학습 주제를 다양하게 정해보고 쉽게 접근할 수 있는 주제들을 먼저 선별해보자. 저학년은 다양성에 비중을 두고, 고학년으로 올라갈수록 깊이 있는 체험학습이 가능하도록 해야 한다.

주제를 정하려 할 때 활용하기 좋은 도구로는 주간 학습 계획표가 있다. 초등학생뿐만 아니라 유치원생 역시 주간학습 계획표의 활동 주제를 미리 체크하여 실제 기관, 학교에서 학습하기 전, 후로 체험학습이 이루어진다면 효과적인 인풋-아웃풋 학습을 병행할 수 있는 것이다.

체험 활동 전에 주제와 관련된 도서를 읽어보는 것은 체험 활동의 즐거움과 학습의 질을 풍부하게 만드는 아주 좋은 방법이다. '아는 만큼 보인다'라는 말이 있듯이 사전 지식 없이 보는 것보다 미리 내용을 인지하고 본다면 책에 적혀 있는 내용이 실제 적용된 모습들을 보며 직, 간접 체험을 병행할 수 있는 것이다. 또한 사전에 책을 읽으면서 체험 활동을 미리 상상해 볼 수 있고 관련 내용을 미리 익힐 수 있어 자신감을 가지고 적극적으로 체험 활동을 즐길 수 있다.

체험학습 시 고려사항

단순히 노는 것과 달리, 체험학습은 학습이 기본 바

탕이 되어야 한다. 그리고 이러한 바탕은 부모가 만들어줄 수 있다. 가령 나들이 간다고 했을 때, 관련된 책을 함께 가지고 갈 수 있다. 책 속에서 보았던 것을 확인할 수도 있고, 동화 속 주인공이 되어 역할 놀이를 할 수도 있다.

다중지능과 체험학습

교육학자 하워드 가드너(Howard Gardner)는 지능을 8가지로 구분한 다중지능을 말했다. 언어 지능, 논리수학 지능, 자연탐구 지능, 시각 공간 지능, 음악 지능, 신체 운동 지능, 개인 이해 지능, 대인관계 지능이다. 이러한 다중지능을 골고루 자극할 때, 아이는 비로소 올바르게 성장할 수 있다. 체험학습은 이러한 다중지능 발달에 영향을 준다.

나만의 포트폴리오 만들기

포트폴리오에는 체험 주제, 체험 일자, 체험의 구체적 내용과 체험 활동에 대한 자기 평가 등을 다양한 형태로 정리하면 된다. 꼭 포트폴리오라고 해서 무언가 거창하게 만들 필요는 없다.

주의할 점은 체험학습의 기록을 단순히 나열하기보다는 아이와 함께 가장 인상 깊었던 소주제 하나를 정하여 그 일을 통해 얻은 교훈을 길고 구체적으로 쓰는 것이 효과적이다. 더불어 흥미 있고 즐거웠던 부분뿐만 아니라, 어려웠던 부분 등 부정적인 부분들도 함께 평가해보고 적는 것도 좋은 방법이다.

또한 체험학습 이후에는 추가로 알고 싶은 것이나 연계된 공연, 전시 등의 다양한 체험 활동을 찾아보자. 다양한 경험을 하나의 주제로 깊이 있게 탐구하는 활동으로 보다 깊이 있고 경쟁력 있는 경험과 경력을 만들어 나갈 수 있다.

지금부터 준비하는 부모 교과서

톡톡 팁 하나 더!
누리과정과 교육과정

알에서 태어난 새는 처음 접하는 세상이 낯설다. 하지만 곧이어 하늘을 향해 비상한다. 엄마의 품을 갓 떠난 아이. 자신, 가족을 떠나 새로운 세계와 마주한다. 그 세계(누리)를 어떻게 배워나갈까. 바로 누리과정이 시작이다.

누리과정의 이해

누리과정이란 무엇일까? 어원부터 짚고 넘어가면, '누리'란 세상(世上)을 뜻하는 순우리말이다. 그렇다면 누리과정이란 세상은 배워가는 교육과정이라 정의할 수 있다. 여기에 바로 누리과정의 핵심이 내포되어 있다. 아이가 엄마의 품을 떠나 세상을 배우는 기본적이고 중요한 가치를 습득하는 교육 체계가 누리과정이다.

어떤 일을 하든 전체적인 방향과 목적을 알고 하는 것이 중요하다. 다이어트를 할 때 똑같은 노력을 쏟아부었는데 어떤 사람은 탄탄한 몸을 유지하며 체형을 만드는 반면, 다른 사람은 비록 살은 뺐지만 근육 없이 살이 늘어지는 경우가 있다. 물론 체중 감량부터 실패하는 사람들이 부지기수다. 이런 결과가 나는 여러 가지 이유가 있겠지만 가장 큰 문제는 목적과 방법이 없기 때문이다. 하물며 교육은 오죽하겠는가! 그렇기 때문에 우리는 세상을 살아가는 기초 커리큘럼인 누리과정의 목적, 방향, 방법에 대하여 정확히 인지할 필요가 있다.

유아 시기는 아이의 일생일대를 결정할 중요한 시기다. 부모의 지원이 절대적인 시기이고, 아이가 성장하기 위해 올바른 방향을 제시해야 한다. 즉 부모의 지원과 올바르고 정확한 콘텐츠, 체계적인 시스템이 필요하다. 아이의 역할도 분명 중요하지만, 더 큰 영향은 환경에 있다. 그 환경을 좌지우지할 사람은 바로 부모이다. 아이가 어떤 세계를 만날지는 부모의 꿈과 행동에 따라 달라질 수 있다. 부모가 무슨 생각을 하고, 어떤 방향이 있는지가 곧 아이가 맞이할 세계가 된다. 지도나 내비게이션 없이 여행지에 도달할 수 없듯이, 부모가 목적지와 방향을 모르면 아이를 제

대로 이끌 수 없다. 누리과정을 알아야 하는 이유는
결국 아이가 만날 세계에 함께 동참하는 것이다.

변화하는 누리과정

누리과정은 만 3~5세 유아에게 제공되는 국가 공통 교육과정을 말한다. 공정한 교육과 기회를 보장하기 위해 유치원과 어린이집 구분 없이 동일한 교육과정의 내용을 가르친다. 또한 부모의 소득 수준과 상관없이 아이에게 학비와 보육료 지원이 가능하다.

누리과정에서 배우는 영역은 5대 영역이다. 이 5대 영역 안에는 아이가 태어나서 마주하는 모든 것이 다 들어간다. 가장 기초적인 자신의 몸부터 타인, 세계, 자연까지 아우르고 있다. 그 영역을 신체운동, 의사

지금부터 준비하는 부모 교과서

소통, 사회관계, 예술경험, 자연탐구로 구분할 수 있다. 누리과정은 이 5대 영역을 아이가 차근차근 배워가며 배경지식을 쌓고, 바른 인성을 겸비하여 미래형 인재로 발돋움하도록 구성되어 있다.

2019년 7월, '2019 개정 누리과정'이 확정되며, 2020년 3월부터 유치원 및 어린이집에 공통적으로 적용이 되었다. 기본 누리과정의 방향과 결이 같고, 유아의 자율성과 놀이를 증대시켰다. 개정 누리과정의 주요 핵심부터 정리해보자.

첫째는
유아 중심·놀이 중심에 무게를 싣고 있다

지금까지 유아 교육이 놀이를 하지 않았고 유아 중심의 가르침이 없지는 않았다. 개정 누리과정에서 달라진 점은 아이가 주체적으로 놀 수 있는 형태로 바뀌었다는 것이다. 기존에는 선생님이 중심이 되어서

놀이 수업을 이끌었다. 반면 이제는 아이들이 주체가
되어 놀이 형태로 참여할 수 있는 비중을 늘어났다.
이에 따라 아이들이 유치원에서 배우는 주제에 관해
즐거운 몰입을 통하여 자율·창의성을 신장하고, 전인
적 발달과 행복을 추구할 수 있도록 하였다. 과거 교
육 특징은 답을 빨리 맞히고, 정해진 틀에서 높은 등
수를 차지하는 것이었다. 물론 현재도 경쟁이 중요하
지 않다고 말은 할 수 없다. 하지만 앞으로는 선생님
이 정해준 틀을 벗어나 참여하고, 즐기고, 그에 따른
성장을 하는 것이 더 중요한 시대이다.

둘째는
개정 누리과정은 국가 수준 교육과정으로서
구성 체계를 확립했다

누리과정의 성격을 국가 수준 공통 교육과정으로
명시하고, 미래 사회 핵심역량을 반영한 인간상과 목
표를 밝혀 교육과정으로서 구성 체계를 확립하였다.

그렇다면 추구하는 인간상과 목표에 대하여 알아보자. 누리과정은 건강한 사람, 자주적인 사람, 창의적인 사람, 감성이 풍부한 사람, 더불어 사는 사람, 이 다섯 가지의 인간상을 추구한다.

셋째는
내용 구성의 간략화를 통해
현장 자율성을 확대했다

누리과정을 시행하는 데 있어서 교사의 지원을 확대했다. 기존 신체운동·건강, 의사소통, 사회관계, 예술경험, 자연탐구의 5개 영역은 유지한다. 하지만 369개의 연령별 세부 내용을 연령 통합 59개로 간략화하였다. 세부적인 항목이 유치원, 어린이집 상황에 맞게 자율성을 준 것이다.

이에 관해 369개의 수업 계획을 세우는 것도 어려움이 있지만, 교사와 유치원의 자율성으로 유치원마다 수업 계획과 내용의 차별성이 있지는 않을까 염려의 목소리도 있다. 또한 현장 자율성을 강조하면서 개별 유치원, 어린이집마다 수준의 차이도 있을 수 있을 것이라 예상하기도 한다.

누리과정의 목표 *

① 자신의 소중함을 알고, 건강하고 안전한 생활 습관을 기른다.

② 자신의 일을 스스로 해결하는 기초능력을 기른다.

③ 호기심과 탐구심을 가지고 상상력과 창의력을 기른다.

④ 일상에서 아름다움을 느끼고 문화적 감수성을 기른다.

⑤ 사람과 자연을 존중하고 배려하며 소통하는 태도를 기른다.

---

* 교육부 보도자료 "2019 개정 누리과정 확정·발표" 중 요약, 발췌

프로젝트 수업의 중요성

　　　　　　누리과정 수업 방식의 핵심은 프
로젝트 수업이다. 프로젝트(Project)의 정의는 무엇일
까? 앞으로 던지다, 표현한다, 생각한다, 연구한다,
탐색한다는 의미이다. 흔히 프로젝트 수행을 한다.
할 때의 그 프로젝트를 수업에 접목시켰다. 아이들
스스로 조별로 주제에 관해 프로젝트 활동을 해 나간
다. 얼핏 보면 노는 것 같다고 생각할지 모르지만, 아
이들은 주제에 맞는 다양한 연계 학습을 해 나가는 것
이다.

　아이들은 프로젝트 수업을 통해 스스로 계획하고

활동하기, 특정 주제에 관해 다양한 연계 학습하기, 경험한 것을 표현하기 등 활동을 이어간다. 일반 수업이 교사 중심의 학습이라면 프로젝트 수업은 학습자 중심의 수업이다. 단순히 지식 습득, 지식 전달에 집중하는 수업과 달리, 자기주도적으로 활동을 해가며 내적동기를 일깨워 주는 것이 프로젝트 수업 방식이다.

프로젝트 수업의 흐름은 '주제'에 관해 아이들 스스로 이전의 경험들을 표현하고 공통 주제망을 설정해 그룹화를 하며, 소주제 활동과 더불어 발표/전시/평가를 하는 방법으로 진행된다. 이러한 프로젝트 수업은 아이들의 학습에 있어 효과적인 방법이다.

	일반 수업	프로젝트 수업
목적	지식 습득	사고의 확장
수업 방법	일방적 강의	스스로 조사, 탐구, 면담
학습 내용	교육과정 기준 지식	주제별 사고 확장에 따른 실제적 내용
학습자	학습을 통해 부족한 것을 채워야 하는 존재	자기주도적으로 할 수 있는 능력을 일깨워 줘야 하는 존재
교사 역할	·아이의 학습 지시, 규제 ·지식 전달 ·교과 내용 집중	·아이 스스로 선택하고 결정하도록 격려 ·아는 것을 끄집어내도록 독려 ·아이의 관심과 흥미에 주목
동기 유발	·성적 평가 ·외적 동기 유발	·관심과 흥미 ·내적 동기 유발

프로젝트 학습 흐름

이전의 경험 표현 Brainstorming	그룹화 Grouping	소주제 계획 및 활동 Activity	발표/전시/평가 Present/Review
·주제 관련 경험 표현 ·경험 발표, 공유 ·브레인 스토밍으로 이야기	·공통 주제망 설정 ·영역별, 관심별 주제 모으기	·주제 관련 소주제활동 계획 ·실제 활동해보기 ·현장 활동하기	·표현 활동을 통한 마무리 ·배운 점, 느낀 점 발표하기 ·활동에 대해 평가하기

학습 활동 유형

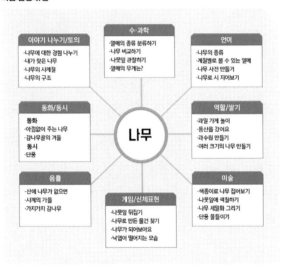

하지만 미리 배경지식, 주제에 관한 이해력, 어휘력 등이 갖추어져 있지 않으면 프로젝트 수업을 해 나가는 데 있어 어려움이 발생할 수 있다.

누리과정 3가지를 알아야 한다

시기성

누리과정이 중요한 이유는 무엇일까? 바로 아이 성장의 기반을 마련하는 시기이기 때문이다. 흔히 유아-초등기를 골든 타임, 결정적 시기라고 말한다. 여기에 더해 이후 학습과 연결되고, 첫 단추를 끼우는 시기이기도 하다. 누리과정은 지능적인 발달 영역만을 다루지 않는다. 아이가 살아야 할 기초를 다지는 시간이기도 하다. 앞으로 마주할 다양한 상황에서 어떻게 반응하고, 문제를 해결해 나갈지에 대한 역량을 키우는 시기이다. 누리과정의 중요성을 기초성, 연계성, 누적성으로 구분해서 생각할 수 있다.

누리과정은 아이의 지능과 인성 발달에 기본이 된다. 이때 배우는 모든 것은 아이의 잠재력과 의식, 무의식에 영향을 미친다. 세 살 때 버릇이 여든을 가듯 말이다.

연계성

누리과정에서 배운 내용이 초등과정과 연계가 된다. 전혀 다른 내용의 학습이 이루어지는 것이 아니다. 누리과정에서는 크게 5대 영역에 대해서 배우는데, 이 시기에 배웠던 것들이 결구 초등 시기와 맞물려 학습하게 된다. 따라서 이 시기에 배운 것들이 하나의 배경지식으로 자리 잡게 된다. 유아기에 배운 내용을 바탕으로 살을 더하고 심화한 것이 바로 초등학습이다.

기초성

집을 지을 때 가장 중요한 것은 기초공사이다. 얼마나 기초공사에 투자를 많이 하고 공을 들였는지에 따라 집의 가치는 달라진다. 기초성의 중요성은 위기가 찾아왔을 때 쉽게 확인할 수 있다. 예를 들어 태풍이 오고 지진이 왔을 때, 기초공사를 잘해 둔 집은 문제가 없겠지만, 부실 공사를 거쳐 간 집은 쉽게 무너진다. 외관상은 문제가 없지만 기초공사에 투자를 안 했기 때문이다. 누리과정은 아이의 긴 성장 그래프에서 기초공사에 해당한다. 이 시기에 얼마나 단단한 기반을 마련했냐가 이후 성장에 큰 영향을 미친다.

누리과정 집에서도 준비하자

누리과정은 유치원, 어린이집에서 끝이 아니다. 가정에서도 관심을 가지고 아이의 성장을 함께 만들어 가야 한다. 집에서 할 수 있는 누리과정에 맞는 활동은 어떤 것들이 있을까? 노래 부르기, 색칠하기, 동화책 활용하기 등 다양한 체험활동이나 방법이 있겠으나 가장 중요한 것은 우리 아이에게 맞는 방식으로 얼마나 효율적으로 활용하냐는 것이다.

집에서 쉽게 따라 할 수 있는 방법들을 단계적으로 살펴보자.

주간 학습표 확인하기

먼저 본격적인 활동에 앞서 준비물이 중요하다. 다행히 이 준비물은 그리 귀찮은 준비물은 아니다. 아무리 누리과정에 대하여 알았다 하더라도 매주 계획을 짜는 것은 그리 만만치는 않다. 하지만 다행이지 않은가? 누구나 유치원, 어린이집을 다니는 친구들이라면 매주 금요일에 주간학습 계획표를 받는다. 그것도 무료로 말이다! 이 주간학습 계획표를 적극적으로 활용을 해보자.

유치원의 주간 학습표를 보면 소주제에 맞춘 활동이 계획되어 있다. 다채로운 자극과 경험을 쌓아 주기 위하여 이 소주제에 맞춰서 영역 및 활동만 바꿔주는 것이다. 예를 들어 월요일 식물과 함께하는 즐거움을 유치원에서는 자연탐구 활동으로 공원 산책을 한다면 엄마는 그럼 예술경험으로 집에서 아이와 함께 식물과 어울리는 동요를 불러보자. 화요일에 식물이 주는 이로움이라는 소주제로 신체운동·건강 영역에서 외부 특별수업을 한다면 아빠는 그럼 자연탐구

로 가까운 시민 공원에 나가서 아이와 함께 신선한 공
기를 마시며 다양한 색깔의 꽃을 관찰해보자.

주간활동 계획표를 활용함으로써 누리과정에 근거
하여 유치원에서의 활동과 맞물려 다양한 경험을 쌓
을 수 있는 것이다.

톡톡 팁

월간 계획표로 활동 흐름을 이해하자

주간 학습표와 더불어 월간 계획표를 확인하는 것도 좋다. 유치원에서 활동하는 아이의 공부 흐름에 따라 집에서도 다양한 학습과 체험활동을 키워갈 수 있기 때문이다. 활동 주제에 맞춰 미리 책을 읽거나 체험활동을 하는 것 자체만으로도 아이의 지식과 역량을 키울 수 있다.

생활 속 모든 것이
학습의 도구

　　　　　　많은 부모들이 장난감이 많은 것
이 무조건 좋지 않다는 것은 잘 알고 있다. 경제성, 활
용성, 집중도 등의 다양한 이유로 말이다. 누리과정
홈스쿨링에서도 무조건 교육용 키트나 활용 도구들
만 많다고 좋은 것이 아니다. 오히려 특별한 교구보
다는 주변에 원래 있었던 사물을 활용하는 것이 바람
직하다.

　아이가 더 어렸을 때를 생각해보자. 촉감놀이를 해
준다고 미역을 불리고 두부를 으깨고 휴지를 쫙쫙 찢
어가며 아이는 즐거워하고 충분한 자극을 받지 않았

던가! 아이는 생활 속 다양한 자극으로도 학습한다.

집에 있는 반찬통들이 있다. 이것을 갖고서 블록 쌓기를 할 수 있으며, 그 주의 주간학습 계획표 주제가 동물이라면 동물 모형을 꾸며보는 것도 좋을 것이다. 반찬통에 구슬을 넣고 흔들면서 울음소리가 비슷한 동물을 함께 찾아보는 것도 즐거운 놀이이다. 또한 다 갖고 놓은 반찬통을 부모와 함께 정리하는 것도 생활 습관 익히기에 더할 나위 없는 좋은 놀이감이다.

부모가 해야 할 것은 생각의 틀을 버리자!는 것이다. 반찬통은 우리에게는 오로지 반찬을 담는 용도지만 아이에게는 얼마든지 재미있는 놀이 학습 도구가 될 수 있다.

대화는 관심이자 점검

누리과정 활동 후 반드시 잊지 말자! 대화는 최고의 정서적 스킨십이라는 것을. 특히 아이와 대화가 부족하게 되면 아이들은 속마음을 감추게 되고 스트레스가 높아진다. 이런 불만들이 누적되면 슬픔, 외로움, 불안감 등의 부정적인 감정이 쌓여 부정적인 행동으로 표출이 되곤 한다. 그래서 인성적인 부분을 위해서도 아이와의 대화는 아주 중요하지만, 아이와 놀이 학습 후 대화에서 몇 가지 중요한 부분이 있다.

중요한 것은 강요하지 말라는 것이다. 아이와 활동

후 재미있었는지를 대답을 강요하듯이 물었을 때 아이는 활동에 대한 부담감과 더불어 활동에 거부감이 생긴다. 이뿐만 아니라 자칫 부모와의 대화 자체에 대한 부담까지 함께 생길 수 있다.

역으로 대화를 하자. 아이에게 '재밌었니?'를 먼저 물을 것이 아니라 '아빠는 서율이랑 오늘 이렇게 하고 노니까 신기하기도 하고 너무 재미있었어. 특히 아까 컵으로 피라미드를 쌓고 하나씩 무너뜨릴 때는 너무 신나던데? 서율이는 어땠어?'라고 되물으며 아이에게 자연스러운 대화의 기회를 주도록 하자.

또한 중요한 것은 아이를 구체적으로 칭찬해주는 것이다. 이를 위해서는 활동을 할 때 아이의 모습을 잘 관찰해야 한다. "우와 아까 혼자서도 종이컵 진짜 높이 쌓더라?", "넘어졌는데도 씩씩하게 일어나던걸?" 하고 이야기해보라. 칭찬받은 아이는 부모와 함께하는 활동에서 편안함과 새로운 것을 향한 탐구심을 키워갈 것이다.